ーママ30年&
女性管理職18年の
人気ブロガーが語る

女性管理職が悩んだ時に読む本

いくみ
@女性管理職&ブロガー
IKUMI

日本能率協会マネジメントセンター

はじめに

1986年に「男女雇用機会均等法」が施行されて36年、2016年に「女性活躍推進法」が全面施行されて6年。加えて、2022年時点で話題となってきている「人的資本開示」(企業が開示するべき必須項目のひとつとして、女性管理職比率も含まれている)は、2023年以降各企業での具体的な取組みが求められていて、こうした世の中の動きとともに、女性管理職の重要性がさらにクローズアップされつつあります。

しかしながら、厚生労働省の「令和3年度雇用均等基本調査」によると、企業における管理職(課長相当職以上)に占める女性割合は12・3%に留まっていると報告されています。

各企業にて、女性管理職登用機会の拡充を図ろうと取り組んではいるものの、職位を引き受ける本人の立場としては「管理職…きっと大変なのでは？」「家事や子育てとの両立はどうするの？」と、実現へのハードルは高いと躊躇してしまうこともあるでしょう。

申し遅れました。いくみ@女性管理職&ブロガーと申します。

私が社会人となったのは１９８４年、男女雇用機会均等法施行前です。当時女性の職種として多かったいわゆる「一般事務」からの出発でしたが、とにかく仕事が大好きで、結婚・出産・再就職など紆余曲折はあったものの、現在、一部上場企業の女性管理職となって18年が経ちます。

女性管理職の悩みと、その原因とは？
その対処法は？

自分の経験をそんな人たちの役に立ててもらいたい。

ちょっとおこがましくてすみませんが、今後我が国の女性管理職活躍に向けて微力ながら貢献したい。

管理職って本当に大変です！
でもやりがいもたくさんある。

今まさに悩んでいる女性管理職のあなたへ。
「**隣に女性管理職の先輩がやってきて、相談ができそうだと感じてもらえる**」そんな一冊として活用してもらええたらと、この本を書くことにしました。

第1部では、管理職としての視座や世の中の動向について。そして、中小企業の事務員から出発した私が、その後どうやって女性管理職としてのキャリアを歩んできたかをお伝えしています。

第2部では、実際に自分が直面してきた「**60の悩みあるある**」とその向き合い方について。悩みごとにエピソードを交えて解説し、ワンポイントも書き添えています。

順番に読み進めなくてもよくて、気になったところから拾い読みでもかまいません。末尾の209~216ページに悩み解決のための一言フレーズをまとめていますので、そこから「逆引き」で使ってもらうのもよし。

本書が女性管理職として悩んでいる人たちや、「女性管理職にどうやってついていけばよいのだろう?」という部下さん、女性管理職の育成に苦慮されている企業の担当者さんにとって、本書が一助となれば幸いです。

CONTENTS

第2部 女性管理職の悩みにお答えします！

第3章 女性管理職の悩みあるある 職場編

第4章 女性管理職の悩みあるある　プライベート編

第5章 女性管理職の悩みあるある 生き方編

第6章 人生100年時代、生涯イキイキと過ごすことが長寿の秘訣

第1部

女性管理職の時代がやってきた！

このパートでは、管理職としての視座や、女性活躍のための法律・制度について、1980年代～2020年代にかけての変遷を解説します。さらに、中小企業の事務員から出発した私が、どのように女性管理職へと歩んできたのか？　についてもお伝えしていきます。

第1章

女性管理職、やりがいを持って頑張れるの？

1 一般職との見える世界の違い

初めて管理職として第一歩を踏み出す時は特に、大変なこと・苦労しそうなことに目がいきがちですよね。私もそうでした。

一番プレッシャーに感じたのは、数字責任もさることながら、**何よりも部下さんたちやそのご家族の人生を多かれ少なかれ背負っているということ。**

管理職が業績目標に対して責任をしっかり果たさないことには、極論すると部下さんたちのお給料にも影響を及ぼしてしまうからです。

また、業務を順調に進めてキッチリと成果（売上）を挙げていくためには、管理職が1人で頑張ろうとしたところで成し得ることができません。

部下さんたち一人ひとりに十分なパフォーマンスを発揮してもらい、そして彼らの成長にも繋げていくこと。

管理職になりたての時から18年経った現在に至るまで、常にこのプレッシャーと闘ってきていますが、とにかくやるっきゃない。悩んでいる間に行動しようと心がけてきたものです。

一方で、管理職のやりがいってなんだろう？ と考えた時に、最もやりがいだと思えたのは、ちょっと大袈裟な表現ですみませんが「**経済を回している、その担い手になっている**」ということ。

自身が判断したこと決裁したことがクライアントへの貢献につながって、会社の売上向上にも直結。業界全体ひいては経済全体の発展への担い手にもなっているのだという実感です。

見えている世界が格段に異なる。

一般職の時の見えている世界は、自分の業務やその周辺で起こっていること。

登山に例えるならば、麓から始まって高くとも山の中腹にいるような感覚です。管理職になると、もう、そこに見えているのは山頂近辺の景色にほかなりません。

一般職の時には経験できなかった視座。管理職になって何を得たか？　と申しますと、一番はこの点に尽きると言っても過言ではありません。

もう少し具体的に付け加えるならば、経験が煉瓦のように重なっていって、自分自身が高い建物になっていくかのごとし。

初級管理職から上級管理職に至るまで、担うべき点は変化していくものですが、それぞれの〝煉瓦〟の種類も増していきます。「業務実施」から始まって、「成果の発表」「ネゴシエーション」「指導、育成、支援」「方針決定」「プロジェクト達成」「全体予算達成」「経営陣とのリレーションシップ」「リスク管理」など実に様々。管理職に就いたからといってずっと同じではなくて、さらにいろいろなチャンスが広がって判断を任されることの幅も増えていく。

「一般職の時の自分に、今何を伝えられるだろう?」と考えた時に、この積み上がった高さや幅こそが、管理職の強みであり醍醐味。だからこそ、より遠くを見渡せるようになるのです。

2 仕事人、どうせやるなら極めよう

仕事の仕方って、それぞれの人にそれぞれの方法があることでしょう。ほどほどにオフィシャルとプライベートのバランスを取っていくというやり方も決して否定するつもりはありません。

仕事人って、つまり、プロフェッショナルだから。

どうせなら、会社員人生を極めたい。そのためには管理職を目指していこうと一念発起、私はその道を突き進んできました。

とくに女性管理職のやりがいとして大切にしてきたのが、「**ステップアップしたいと考えている後輩の励みになる**」ということです。

ちょっと話が逸れますが「プロフェッショナル 仕事の流儀」というテレビ番組が好きで時々視聴しています。

それぞれの仕事のプロがどんなふうに課題を乗り越えて自分らしくその道を極めてきたのか？　見ていてワクワクする。

私はテレビ番組に取り上げられるような人生ではないけれど、身近な女性の先輩として見本にしてみようと思ってもらえること。

男性に比べて女性管理職の人数が少ない状況ですから、なおさら「極める」という点を意識してきたものです。

もちろん、「極め方」にはいくつかあって、「会社仕事の極め方＝管理職になる」ということのみではないかもしれませんが、企業においては人の上に立って組織を束ねていくことが、そのための一番の方法。

お恥ずかしながら私は特別な才能があるわけでもなく、他の人と比べて何かがものすごく秀でているわけでもないですが、「極める」と決めたらとことんやり尽くす、その根性だけは誰にも負けません。

加えて、「管理職として最も大切なことは何だろう？」と自問自答してみて、一つでも二つでも何かに特化して徹底的に磨いてきました。選ぶポイントは人から指図されるのではなく、あくまでも自分で考えたもの。

私の場合は**「部下さんへの寄り添い力」「多様性ＯＫ力」**を一番として、そこを常に意識した行動を重ねてきました。「多様性ＯＫ力」ってちょっと解りづらいかもしれずすみませんが、部下さんのバックグラウンドや性別や年齢に関係なく、等しくリスペクトする心、とでもいいましょうか。長年積み重ねてきた今となっては、この二点も私の強みだと自負しています。

「極め方」というと少々難しいことに聞こえてしまうかもしれないけれど、自分オリジナルの方法でよいのです。だからこそ、その人ならではのスキルセットとも言える。得意を発揮して目標を成し遂げていく、それすなわち「極める」、ということではないでしょうか。

3 時代がキャリアを後押ししてくれる（女性活躍のための法律や制度変遷）

さて、ここで、1980年代ごろから2020年代に至るまでの、女性活躍のための法律や制度変遷についてを見ていくこととしましょう。

男女雇用機会均等法

1980年代以前は「男女の雇用格差があって当たり前」「女性は結婚したら

退職する」…という風潮が主流でした。

いわゆる「ＯＬ（オーエル、オフィス・レディを表す和製英語）型女性労働モデル」というもので、女性は新卒採用から結婚退職までの短期的な要員と位置付けられていて、男性社員にのみ割り当てられるコア業務の補助的役割を依頼される状況。

「はじめに」でも触れたとおり、私の就活はそんな世情でのスタートです。ただ、あんまり風潮は気にしておらず、とにかく仕事を頑張るのみと開き直っていたので、実はその後の法改正などについては、自分事としては捉えていませんでした。

そんな中、１９７２年に制定された「勤労婦人福祉法」が大幅に改正され、１９８６年に施行されたのが「**男女雇用機会均等法**」（正式名称「雇用の分野における男女の均等な機会及び待遇の確保等に関する法律」。以下、「均等法」）です。

勤労婦人福祉法の均等法への改正は、高度成長期、女性の社会進出が増加したにもかかわらず、引き続き差別的な扱いを受けていたことを背景に、雇用における機会などを性差なく確保することを目的としてなされたものです。

施行当初は採用・昇進・教育訓練等における男女差別撤廃については「努力義務」の範囲に留まっていたものの、その後の改正（１９９９年４月施行）においては禁止規定となったのに加え、セクシュアル・ハラスメント防止に向けた事業主の配慮義務や、ポジティブ・アクション（積極的改善措置）についても盛り込まれました。また、関連して労働基準法の一部が改正され、女性の残業・深夜労働・休日労働を制限した保護規定が撤廃されました。

さらにその後の改正（２００７年４月施行等）では、間接差別（募集・採用における身長・体重・体力要件、全国転勤要件や昇進における転勤経験要件を合理的理由なく付する、等）の禁止や、マタニティ・ハラスメントの禁止事項も付加されつつ現在に至ります。

均等法のおかげで、自分のキャリアも積み上げてこられたに違いない。施行当時は全くピンときていませんでしたが、あらためて時代変遷の恩恵に感謝です。

加えて、自分より数年後の後輩たちの就活話では「**総合職採用**」という言葉をよく耳にすることになって、いわゆる均等法第一世代がこれから活躍しようとしていることを実感したものです。その後は「男女差なし」がある意味当たり前になってきて、「総合職」との言葉自体は今や過去のものとなりつつあるのも、また時代の流れなのだと感慨深いものがあります。

一方、均等法第二世代（１９９５年前後に新社会人となった世代）においては、バブル崩壊、就職氷河期…などの辛い世情に見舞われてしまったことで、均等法が整備されつつあったのにもかかわらず、厳しい雇用環境のなかで巣立っていかねばならない苦しさもあったことでしょう。

男女差や時代背景、様々な障壁にあってもどう、キャリア形成を実現していくのか。本人の意気込みや努力だけでなく、法律や制度がそれを後押ししてくれる存在であってほしいものです。

女性活躍推進法

男女雇用機会均等法施行から約30年。

２０１５年8月に制定され、２０１６年4月に全面施行となったのが「**女性活躍推進法**（正式名称は「女性の職業生活における活躍の推進に関する法律」）」です。

この法律の趣旨は、自らの意思により仕事での活躍を希望する女性が、その個性や能力を発揮し、豊かで活力のある社会の実現を目指す、というもの。

国や自治体、企業などの事業主に対して、女性の活躍状況の把握や改善すべき点の分析、定量的目標の設定、行動計画の公表などが求められています。また、優良な取り組みを実施している事業主には「えるぼし認定」という制度も備えられました。

「働く本人たちへの定め事」というよりも、雇用者側が女性活躍についての取り組みを推進していくことが目的とされていて、しかも「10年間の時限立法」であるという点に特徴が見受けられます。

女性活躍推進法をもとに、労働者側の自助努力や事業主側個別の努力だけでなく、我が国全体として取り組んでいこうという点から、今後女性管理職がより活躍しやすい状況へと進んでいくことを期待したいものです。

202030計画の失敗

女性活躍推進法の制定以前より、政府が2003年に掲げた政策「202030計画」（2020年までに社会のあらゆる分野で指導的地位に女性の占める割合が30％になる）は未達成となりました。

その後、「指導的地位に占める女性の割合が２０２０年代の可能な限り早期に30％程度となるよう目指して取組を進める」とされ、さらに「２０３０年代には、誰もが性別を意識することなく活躍でき、指導的地位にある人々の性別に偏りがないような社会となることを目指す」となんとなくトーンダウンしてしまっている印象は否めず。

号令をかけるだけでは何事も実現しませんし、女性活躍推進法が定められたものの、「指導的立場の割合」について２０２２年時点では各企業の取り組みとしては努力義務に留まっているので、一気呵成にその割合を高めようとしたところで無理があるのは仕方ありません。

まあ、無目標よりも壮大すぎる目標の方がまだなんとなくよさそうなのかな…今後のさらなる政策に注目していくこととしましょう。

4 人的資本開示への関心の高まりとESG

一方、2022年になって我が国でもクローズアップされてきているのが**「人的資本開示」**（以下、『経営戦略としての人的資本開示』（一般社団法人HRテクノロジーコンソーシアム編）を参照）。

まず、岸田文雄首相が2022年1月17日の通常国会所信表明演説において「新しい資本主義」時代の幕開けを宣言。「付加価値の源泉は、人にある」との趣旨のもと、政策の目玉として挙げられたのが「人的資本経営」の実践と「人的資本開示」の推進です。

その後、内閣官房は2022年8月30日に「人的資本可視化指針案」を公開しました。

「人的資本」とは、従業員などの人材を「企業価値を生む投資対象」と捉え、人事制度や施策を講ずる考え方。

開示項目の例として挙げられるのが、人材育成、ダイバーシティ、コンプライアンスなどとなっています。

「ダイバーシティ」の細目として、男女間の給与格差、女性管理職比率、男性の育児休業取得率などがあり、２０２３年以降に有価証券報告書への記載が義務付けられる予定で、投資家が企業を比較分析する際の新しい指標ともなりうるものです。

一方、グローバルの動きに目を向けてみると、遡ることすでに15年以上前から、**ＥＳＧ**という概念が取り沙汰されています。

ＥＳＧとは、Environment（環境）・Social（社会）・Governance（ガバナンス）の頭文字を取った造語で、２００６年、当時の国連事務総長コフィー・アナン氏の発表の中で、投資判断の新たな観点として紹介されました。

特に「Social」においては、職場環境における男女平等やダイバーシティが主項目になっていて、やはり女性管理職比率についての開示も求められており、まさに人的資本開示の取り組みと同じ方向性が示されていることが解ります。

企業がＥＳＧに配慮した経営を行うことで、**ＳＤＧｓ（Sustainable Development Goals・持続可能な開発目標）**達成にも貢献できる、つまり、ＥＳＧはＳＤＧｓを果たすための具体的な手段の一つであるとも言われています。

こうした国内外の大きな動向によって、２０２２年以降のまさに今こそ、新たなる女性管理職の時代がやってきたと言っても過言ではない。

そのためにも、管理職を引き受ける女性一人ひとりの悩みが少しでも解消されてイキイキと活躍してもらうことを、18年経験してきた先輩の私としては願ってやみません。

第1章まとめ

- □ 管理職になると見える世界の違い。経験してみる甲斐があります！
- □ 人的資本開示の動向はきっと、女性管理職にとって追い風になってくれることでしょう。女性管理職一人ひとりが伸び伸びと活躍できるように。時代とともに歩んでいきませんか。

第2章

いくみは
どうやって
歩んできたの？

今でこそ「女性管理職18年」と胸を張って言える我が就労人生ですが、「はじめに」でも書いたとおり、何せ私が就職したのは均等法施行前で、当時の女性就活の花形といえば短大卒。4大卒（しかも有名とは言えない大学の文系学部卒）の私にとっては、相当な狭き門でした。

そんな私がどうやって女性管理職としてキャリアを積み上げるに至ったのか？

この章では具体的に私が歩んできたヒストリーについて紹介させていただきます。読者のみなさんにとって「あ〜あるある」「いろいろ大変なんだよねー」と参考にしていただけるようなら幸いです。

1 新卒時は就活に苦労・中小企業の事務員として何とか一歩を踏み出す

学生時の就職活動といえば、大学の就職課にせっせと通っては求人票を眺めまわす日々。就職課の先生にいろいろとアドバイスをもらいつつ企業説明会や面接の場に望みますが、残念ながらことごとく不合格。

当時、4大卒女子の就職先として門戸を開いてくれていた職種として「プログラマー」というのを多く見かけたものですが、なんかピンときません。

惨敗続きの我が就職活動の中でようやく内定をもらえたのが、某中小企業の一般事務でした。主に事務機器を取り扱う小さな商社。この会社には申し訳ありませんがハッキリ言ってなんの期待もなく、「とりあえず受かったから行ってみよう」程度の軽い気持ちでした。

ところが。

入社して意外なサプライズに遭遇したのです。

従業員総勢300名程度の規模であったにもかかわらず、女性の係長が1人、

課長が2人もいるじゃないですか。１９８４年当時の一般企業では珍しいことだったに違いありません。

わーカッコイイなぁ。彼女たちの姿を目にしたことが、ある意味私の「女性管理職道」原点となったのです。

私も課長になりたい！　ほんの稚拙な憧れからの単なる妄想みたいなものでしたが、たまたま配属されたのが、事業部長直轄の「統括管理部」という部署だったこともあり、事務職ではありましたが、かなり気合いを入れて懸命に取り組んできて入社3年目にして主任に昇格。周囲からも一目置かれる存在になりました。

おそらくこのまま頑張っていたら課長職も夢じゃない！　そんな期待も持てる状況でしたが、結婚で当時住んでいた神奈川県から広島県に移住することとなり、その会社は東京都内一拠点のみだったため、7年勤務した29歳の時に残念ながら退職しました。

ちなみに私の原点でもあるこの会社、その後10年ほどした頃でしょうか、経営不振により他の企業に買収されてしまい、面影は跡形もありません。

ただ、当時の仲間たちの一部とは40年近く経った現在でも細々と交流は続いて、年賀状のやりとりや、ごくたまに会って思い出話に花を咲かせることも。残念ながら憧れていた課長さんたちとは再会できず今に至りますが、女性管理職の先輩たちが、その後の人生もイキイキと過ごされているであろうことを願っています。

2 結婚・夫の転勤・出産で転職ままならず、非正規雇用で8年間

結婚して夫の転勤（正確に言いますと、結婚する時点で相手が広島県で勤務していた）で私も広島県に移住。転職活動しようと考えていたところ、子供を授かりました。息子が生まれて1年少々専業主婦をしていましたが、独身時代の

「私も課長になりたい！」の思いがずっと心の中にあって、とにかく再就職しようとチャレンジを試みたのです。

ところが。

事務職しか経験がなく、小さな子供を抱えて残業もままならない私に多くの選択肢はありません。

まずは、子供の預け先（保育園）を最優先で決めなければならないですが、幸いにも息子が1歳になった1993年頃は保育情勢もさほど逼迫しておらず、なんとか保育園への入園ができたため、私自身も非正規雇用ではありましたが仕事が決まりました。

最初の仕事はデータ入力の派遣社員。当時、Windows3.1が出たばかりで国内のワープロソフトといえば「一太郎」が主流だった頃に、Wordを使っての文書作成。なかなかよい経験になったものです。

その後、縁あって別の派遣会社に直接勤務する職種（「コーディネーター」という職種で、仕事を探している派遣スタッフさんと、求人を出している派遣先企業との橋渡しをする役割。当時の待遇的には「社内派遣スタッフ」というものでしたが、いわゆる契約社員です）にチャレンジする機会に恵まれたものの、今度は夫が大阪に転勤、その次には東京都内の企業に転職することとなり…**なかなか一つの所に腰を落ち着けて就業することがままなりませんでした。**

とはいえたまたま同じ企業で拠点が変わっても雇用継続してもらえることとなり、コーディネーターの仕事内容にもやりがいが持てて、広島→大阪→東京と繋いでこられましたが、気づくと以前の派遣元から通算して非正規雇用8年。「社員登用してもらえないでしょうか？」と相談するも、残念ながらその会社からは「総合的に判断して社員登用はできかねる」と断られてしまいました。

これは私の推測に過ぎないのですが、その理由の一つには、当時我が息子は小学校低学年で、残業がほとんどできなかったことがあるかもしれません。確かにその当時の社員さんたちは毎日遅くまで残業しているのがザラ。自分も同じ働き方をするのは無理だと諦めざるをえませんでしたが、限られた時間ではあるけれど懸命に勤めてきたつもりなので、言われた時には悔し涙が止まりませんでした。

3 40歳で正社員復帰、小学生の子供をかかえながらも奮闘

「どうせ仕事をするならば極めたい」「人と人を繋ぐコーディネーターの仕事が好きで、さらに上を目指していきたい」という思いがあらためて沸々と湧き上がってきました。

次の仕事のアテなどありませんでしたが、思い切って退職。その頃から転職

活動サポートの主流となりつつあった「転職エージェント」にいくつか登録をして正社員復帰への職探しをスタートしました。私は40歳、息子は9歳（小学校2年生）の時です。

あるエージェントからはあからさまに「いくみさんにはご紹介できる案件がありません」とほぼ門前払い。子育て中40歳の転職活動とは厳しいものだと痛感させられました。

ただ、結婚直前から英語の勉強をしていて息子が1歳の時受検したTOEICで750点を獲得していた私。別のエージェントに英文職歴書を提出していたら、担当のコンサルタントさんが興味を持ってくれて、なおかつ、私が直前まで経験していた「人材派遣コーディネーター」を活かせそうな求人がある…とアドバイスをもらったのです。

その「求人」こそ、私が現在勤務している企業が出していたもの。

当時の上司となる部長が面接してくれて、程なく内定を得た時は心底嬉しかった。29歳で最初の会社を退職した時から11年振りに正社員に復帰ができて、今度は嬉し涙が込み上げてきました。

新たな勤務先は派遣会社ではありませんでしたが、たまたま派遣事業を新たに展開しようとしている部署に配属となりました。転職活動の時にエージェントが興味をもってくれた英語スキルを直接活かせる業務ではありませんでしたが、**何かしら身に着けておくとそのことで注目してもらえる**ものだと実感。今では我が勤務先においてもグローバルのクライアントが増えつつあり、意外にもかつて学んでいた英語が役立っています。

さて、久しぶりの正社員、しかも新たな職場にチャレンジすることはドキドキも多かったですが、前職から元々その分野が好きだったこともあって楽しくて仕方ありません。新規立ち上げ部署だったので、メンバー一丸となって作り上げながら業務に精励する日々です。しかも、さほど残業をせずに業務をこなせたことも助かりました。

息子は学童保育に通い、学童が終わった後は、都内の勤務先から私が帰宅するまでの2時間ほどはいわゆる「鍵っ子」状態でしたが、当時、小学校から徒歩30秒の団地に住んでいて、ご近所さんもいろいろと助けてくれる環境に恵まれたのが幸いでした。

4 必死にやってきて2年後、管理職に登用される

そうして無我夢中でやってきて、ありがたいことに部署の業績もドンドン伸びて、部長から「**いくみさん。管理職やってください**」と言われた時には天にも昇る心地。入社3年目、42歳の時です。

その部長は現在は転職されて残念ながら連絡を取ることも叶いませんが、採用面接の時から本当にお世話になりました。

ただ、周りの同僚からは「いくみさんが管理職だってさー！　へぇーー」みたいに疎まれたりして。

おそらく同僚たちからしたら、「いくみさんだけずるい」「自分も同じように頑張ってきたのに…」という思いがあったのでしょう。

言われた時にはつい「すみません」と謝ったりしましたが（笑）、心の中ではさほど気にしていませんでした。

ちょっとおこがましい言い方だったら申し訳ないのですが、人には1人ずつにそれぞれ与えられた使命がある。そんな想いを抱いていたからです。

5 管理職登用6年後に部長職昇進、11年後に事業本部長就任・部下100名超の部門責任者となる

我が事業部はその後も順調に躍進を遂げましたが、部長が突然退職。気づくと「部長の椅子」が空いています。会社の人事ってこうした「繰り上げ当選」的なことも多くて、次点的なポジションにいた私が部長を拝命するに至ったのです。

管理職となって6年後のことです。

さらにその5年後（管理職就任11年目）部門責任者がやはり異動することとなり、改めて社長に呼ばれました。

「いくみさん。本部長よろしく」

100名超の部下さんたちが活躍している事業部。その頂点に立つのだと思うと、やりがいはもちろんのこと、改めて気の引き締まる思いでいっぱいでした。

前職から引き続き「人材ビジネス」に従事してきましたが、これからもずっと続けていこう。この事業を統括できることに心底感謝しました。

しかし。

仕事の神様というのは、いつでも試練を与えてくる。

本部長となって2年。相変わらず業績も順調でさらに飛躍していこうと気合を入れ直していた時に、社長が変わり、新社長から言われたことが「**この事業をクローズすることにしました。**部下さんたちは○○に異動してもらいます。いくみさんの次の業務は○○で頑張ってください」

耳を疑いました。突きつけられた事実はもちろん翻すこともできません。断腸の思いで私を慕ってくれた部下さんたちとお別れしなければならない時は、辛すぎて立ち直れそうにありませんでした。またしても悔し涙が溢れてくる。

でもなんとかするしかない。

実を言うとその後も幾つかの部署を異動して何度か同様の経験をしてしまったのですが、会社員たるもの、異動はつきものですから仕方ありません。

6 定年再雇用後も管理職継続

40歳で正社員に復帰して20年。この本を書いている２０２２年に満60歳となり、我が勤務先の就業規則に従って正社員定年となりましたが、再雇用で現在も勤務中です。

待遇は契約社員に変化したものの、職位は引き続き管理職。

いつまでこの状況を続けられるかは、我が勤務先と私との合意次第ですが、女性管理職18年にとどまらず、20年、25年、やり切れるところまで頑張ろうと思っています。

「人生100年時代」と言われるようになってきて久しい昨今。会社員定年後は起業する知り合いもしばしば見かけるようになりましたが、私には企業人という立場がなぜかしっくりくる。言い換えると会社員が好きなのです。何よりも**我が勤務先が目指している理念やビジョンに共感できることが多い**のが、ここまで続けてきてこれからも続けていこうとする原動力になっています。そして、同じように会社員をやっている女性たちの応援をしたいと心から思うのです。

第2章まとめ

□なりたい姿にすぐに近付けなくとも、とにかくコツコツ続けていれば、いつか実現できる時がきます。

□主婦業や子育てで仕事を中断することになったら、できるだけ早い時期に再開しましょう。仕事内容や働き方はどんなものでもかまいません。途中下車したら次の路線はどれでもいいので、とにかく〝再乗車〟することをお勧めします。

□目指したい職種が見つかればそれをキーワードとして横展開していくのもアリ。同じ業態ではなくとも、異なる業態で継続していくチャンスも見つかるものです（私の場合、キーワードは「人材ビジネス」でした）。

□順調なことばかりでは決してないけれど、捨てる神あれば拾う神あり、苦あれば楽あり。キャリアを積むとは、その繰り返しなのでしょう。

□自分が「このポジション（職位）」に就きたいという思いも大切ですが、ポジションが向こうからやってくる（〝繰り上げ当選〟のごとく、職位が空いて自分にお鉢が回ってくる）こともあります。そんな時は「無理。できない――」などと弱音を吐こうとせず、これも使命なのだと素直に引き受ければよし。管理職の機会とは意外にこうした要素もあるのかもしれません。

□勤務先の理念やビジョンに共感を持てると、いろいろ異動やら予期せぬ変化があったとしても、根っこのやりがいを持ち続けることが可能。

□資格や語学など、興味を持っているものがあれば、とりあえずチャレンジしておくと、どこかで役に立つことがあるものです。

第2部

女性管理職の悩みにお答えします！

このパートでは、実際に私が管理職を18年やってきての「60の悩みあるある」を洗いざらい披露。

何に悩んで、どんな壁にぶつかって、そしてどう向き合ってきたか？　乗り越えるためのワンポイントは？

職場編・プライベート編・生き方編に分けてお伝えしていきます。

第 3 章

女性管理職の悩みあるある職場編

1

管理職は大変！　心が持たない…

まずは、職場において管理職のメンタリティについて。懸命にやろうとすればするほど、目の前に次々とプレッシャーが押し寄せてきて、**心が持たない！逃げ出したいと思ったことも一度や二度ではありません。**具体的にどんなプレッシャーと戦ってきたか？　振り返ってみると、あらためて四苦八苦の連続。

せっかく会社からもらったチャンス、挫折で終わってしまっては悔しい。やり切ったと思えるまでとにかく続けよう。今でこそ女性管理職18年、頑張ってきたなぁと、振り返ることができるようになりましたが、実はそんな切羽詰まった毎日の繰り返しでした。

1 プレイングマネージャーは辛いよ

管理職を任されるようになっていきなり、「マネジメントだけやればよい」ということはまず、ありません。業務実施者（プレイヤー）もやりながら、少しずつ管理者（マネージャー）にも取り組んでいくこととなりますが、この**「二足のわらじ」**が結構キツイのです。

時間的や体力的なことはもちろんのこと、最もシンドイのが気持ちのバランスのとり方。「現場の業務にはずっと当事者として携わっていたい」という思いやら、「そればっかりやっていたら、いつまでも管理職業務に専念できない」という焦りやら。ごちゃ混ぜの感情と闘いつつも業務はドンドン進んでいく。どうしたらいいのだろう？　自分のなかでは「まだまだ新米なのでお手柔らかによろしく」と言いたくなってしまいますが、周囲からは管理職になった途端「**あなたは管理職なんだから**」という目で見られます。

向き合い方▼一気呵成に心根を切り替えようとせずともよし。やりながら走りながら考えていけば、やがて「経験」という財産が積み上がって自分なりの方法を見出せるもの。すると、当初は「この人管理職のくせに（全然できてないじゃない）」と冷ややかな陰口を言われてしまっても、いつのまにか「この管理職、やるねぇ」と賞賛の声も届くようになります。

ワンポイント

管理職業務が進んでいくにつれ、プレイヤーの実務から離れていくこととなるから、「プレイングマネージャーをこなしている間は「プレイヤーとしての総仕上げ」の時なのだと捉えてみてください。

2 自分に務まる？

そうしてなんとか進んでいこうとするも、そもそも、自分に務まるのだろうか？　自分が指名されたのは何かの偶然ではないのだろうか？

最初に管理職に就いた時には不安でいっぱいになるのは当たり前。やり方だってよくわかりません。管理職に就任した際、勤務先で「管理職研修」を受講させてもらいましたが、ひととおりの理屈は把握できたとしても、いざ行動！となると尻込みしてしまいそうになります。でもね。すぐさま自信満々な人って多分居ないのじゃないかしら？　だって初めて対峙することなのだから。

向き合い方▼「できないできない」と思い込んでしまったら、本当にそのとおりになってしまいかねません。「自分にはできる」と信じて突き進めばよいし、そもそも、グダグダ不安ばかり醸し出しているような上司に誰もついていきたいなんて思えない。**「部下さんのために頑張るのだ」と考えると力が湧いてきませんか？**　万が一務まらなかったという出来事に遭遇してしまったならば、改善点を見つけて次に活かしていくことだってOK。

どうしても「自分自身が信じられない…」と考えてしまうのならば、推してくれた上司を信じておくことも1つの手です。

また、**自部署の業務を好きだと思える**ことも大事です。それまでずっと取り組んできた業務かもしれないし、管理職になって初めて経験する業務かもしれませんが「好きこそ物の上手なれ」と言うとおり、好きだったら自信が持てるようになります。仕事ですからもちろん単純に「好き」と言い切れないものもあるでしょう。肝心なのは「好きだと思う」気持ちです。

ワンポイント

やってみなはれ。成せば成る。試練は乗り越えられる者にしか訪れない…不安が押し寄せてくる時に、ありきたりかもしれませんが、私はいつも、こんな歴史上の名言を思い出しては力をもらったものです。

3 責任の重圧とどう向き合う？

管理職の責任。「責任」と言われると、もうそれだけで重圧に感じてしまいます。職場においても、いわゆる「職務分掌」といった定義が作られていて、それを全うすることを求められますから、「〇〇を担うべし」と突きつけられると、なおさらドキドキしてしまうもの。一方、部下さんにとっても上司とは「責任を負ってくれる」存在。上から下からプレッシャーがかかってなおさら押しつぶされそうになる。どうしたらよいのでしょう？

向き合い方▼私はそんな時に「**責任と報酬は比例するのだから**」と考えることにしています。課せられた役割を担うからこそ、それに見合った報酬を得られる。会社が支払ってくれる報酬は自分への期待、それを果たすことで責任を全うできるのだとすれば、やるのかやらないのか？　二択です。

加えて「**責任とは、果たすためにある**」と。禅問答のようですが、管理職となって自分が負うべき責任について考えてみましょう。例えば、クライアントから要望されたことに十分に応えられなかった時。はたまた、部下さんが何かの失敗をしてしまった時…ｅｔｃ．果たすべき具体的な事項を挙げていって、それをひたすらやり切るのみ。と捉えたらシンプルです。

ワンポイント

管理職にも上司がいます。その上司はさらに大きなプレッシャーを抱えていることでしょう。自分1人だけで重圧に対峙しようとせずとも、上司もいっしょに背負ってくれているに違いありません。

4 数字のプレッシャー

管理職、特に部門責任者へと進んでいくにつれ、数字のプレッシャーとも闘うこととなります。毎月の収支に一喜一憂しながらの対応はなかなか厳しい。でも仕方ありません。

会社たるもの、業績を上げてナンボの世界なのですから。 業務を実施してその対価をクライアントからいただいて、かかった費用（原価）を差し引いたら、いくら利益があるのか？　それを各部門ごとに持ち寄ることで会社経営は成り立っているのであって、それこそ事業会社としての使命とも言い換えられますから、各管理職が船頭としての役割を期待されることとなります。

向き合い方▼背負った数字を果たすためにどうすればよいか？　管理職だけが頑張ろうしたところで意味ありません。会社の業績というのは団体戦なのです。部下さん一人ひとりに「競技」の当事者として参加してもらうこと。

売上達成に向かってプロジェクトを遂行していくのはもちろん、原価意識も大切。例えば、些細なことですが、コピー1枚とるのに幾らかかるのか？　ましてやカラーコピーだったらさらにいくらかかるのか？　その手順必要かしら？　オーバークオリティになっていませんか？…ｅｔｃ．**全部員に数字に対しての意識を持ってもらい、日々の活動を促すのが管理職の役目で時には管理職自身が業務を実施して牽引していくのもアリ。**心配している暇があったらとにかく行動です。

この感覚、数字目標を持たない管理部門においても同様に大切な点。数字を背負っているということは、営業部門であっても管理部門であっても変わりありません。

ワンポイント

業績は世間のトレンドや潮流など、時の運にも影響されます。自分たちが担当している業務がマンネリ化してしまいそうな時は、アイディアやチャレンジや、部下さんも巻き込んで変化をしていける組織作りを目指すことも大切です。

既成概念から一歩踏み出してみることで、新たな商機に恵まれるかもしれません。

5 無意識バイアス

自分は女性だから、男性と同じように立ち回れない…勝手に自分で自分にバイアスをかけていませんか？

もちろん、周囲からのバイアスもあることでしょう。例えば上司が部下に対して「男性だからこの先の期待も大きい」「女性だからライフイベントに伴って、せっかく管理職のオファーをしたところで断ってくるのではないか？」「いずれ辞めてしまうのではないか？」などと発言してしまうシーンもあるかもしれないから、自分の思いに周囲の思いも加わって、なおさらバイアスが大きくなってしまうこともあります。

向き合い方▼自分が女性であることは事実ですし、男性になれるわけでもありません。しかし、**女性には女性の良さがあるものです。**例えば、人に寄り添うのが得意、こまやかな気遣いを忘れない、家事をやっていての生活者としての視点…等は、女性の得意分野ではないかと私は自負しています。一方、男性には男性の得意分野も様々あることでしょう。これまでの歴史のなかでいろいろな性差別的概念が発生してきたことは仕方がないかもしれませんが、外野の状況は置いておき、まずは自分自身を無意識バイアスから解放していく。男性は男性ならではの、女性は女性ならではの強みを発揮していけばよいのです。

一方、心意気だけではまかなえないことも。それは女性特有の体調面の点、いわゆる生理周期にかかわること。生理前後に心身ともに不安定になってしまうことも多いですから「無意識バイアスを避けよう」と思ったところで、無理な点もあるでしょう。私は幸いあまり体調が辛い状況に陥らずに済みましたが、昨今「**フェムテック**（女性のからだ特有の健康課題を、テクノロジーを使って解決する）」「**フェムケア**（デジタル以外のケア法）」等が進みつつあって、物理的なサポートはもちろんのこと、周囲からもより協力を得られるようになるとありがたいです。

ワンポイント

勝手に思い込んでしまうだけで、うまくいかなくなってしまうことはありがちです。思考をできるだけニュートラルに保てるように。「男女差」のことだけでなく、他のことにおいても心がけるようにしましょう。

また、女性特有の体調面についても、「男性には理解してもらえない…」とあきらめるのではなく、女性ならではの事象について周囲にも理解を得られるような社会構造を期待しつつ、自身の体調と付き合っていくとよい

（必要であれば医療機関にも支援をしてもらう）でしょう。この点については、「39自分の健康管理にも気を配ろう」でも補足していますので、ご参考に。

6 管理職を降りたいと思ったら？

やりがいや信念を持ちつつ管理職チャレンジの努力を続けていても、時として「**もう無理！　降りたい**」との思いに駆られることだって少なくありません。とくに業績が振るわないことが続いたり、人の問題が次々に起こってしまう時。「どこかに逃げてしまいたい」って切羽詰まることもしょっちゅうです。

向き合い方▼自分は管理職を続けたいのか、降りたいのか？　自問自答をしてみます。前者ならば続けるために**自分の気持ちのなかで何を乗り越えればよいのか？**（業績や人の問題、などの外的要因はさておき、自分の気持ちについて問うてみる）そのためには何をすればよいのか？　と書き出してみると次の目標が見えてくるものです。

後者ならば**管理職を降りたら何をしたいと思うのか？**　具体的に思い浮かんで、それが新しいやりがいと思えるのなら降りたってかまわないし、またチャレンジしたい時がくるかもしれないから、そこで改めて考えてもよいのです。

ただし、再チャレンジの機会があるのかどうかはわかりません。

私が「管理職降りたい」って悩んだ時は、この方法をやってみて、結果、続けることを選択してきました。

ワンポイント

自分が「こうしたい」と思う方向に決めてよいのです。悩んだ時は体を動かす（例：書き出してみる、人に話をしてみる＝アウトプットする）と頭の整理がつきます。

7 やりがいよりも辛さが上回る時

6の「管理職降りたい」とも共通する点ですが、やりがいよりも辛さが上回る時について。

実のところ、**やりがい4：辛さ6くらいで御の字だったりします。**仕事ですから100%ハッピーってことは無いのが常だし「辛さ」と言うとネガティブに聞こえてしまいがちなので「鍛錬を積む」と言い換えてもよいかもしれません。

向き合い方▼たとえ、その時の自分にとって、やりがい1：辛さ9だったとしても、やりがいインジケーターが少しでもあるのならば突き進んでいくべし。うまくいく時はこの比率、いかようにも逆転しますし、そもそも仕事のやりがいとは辛さ（鍛錬）と一対であると開き直っておけば、粛々と受け止められるようになるもの。仕事の機運とは山あり谷ありなのです。

ワンポイント

辛さが増えてしまった時は、ちょっとしたことでもよいので、「成功体験」だったと思える何かのエピソードを思い出してみてください。仕事じゃなくてもかまいません。気持ちのリフレッシュができますよ。

8 何をやってもうまくいかない時

仕事がうまくいかない時はしばらくその時期が続いたりします。何をやっても裏目に出てしまったり、同じアンラッキーが度重なってしまったり。負のスパイラルにはまると、「もうどうにもしようがない」と絶望しそうになるもの。「なんで、私ばっかり…」悲嘆に暮れそうになることもしばしばです。

向き合い方▼そんな時に！　私がやっているとっておきの方法をお伝えします。うまくいかない時こそ、**逆に徹底的に感謝するのです。**クライアントだったり周囲の仲間だったり会社や仕事そのものだったり。卑屈に捉えてしまったら自分に負けるようなもの。「頑張ってきたのに…」って意地を張ったところで、所詮1人でできることなんて限りがあるし、自力だけでなく必ず他力に助けてもらっているのだから、今があるに違いないのです。たとえうまくいっていない状況が続いたとしてもそんなふうにすべての他力に感謝しておけば、やがて次の運気がめぐってくることでしょう。

ワンポイント

自分の苦しい気持ちをさておき「感謝する」のは、一見きつそうに思えるけれど「ありがとう」と心の中で唱えるだけでも不思議と落ち着けるもの。何よりも、自分だけが頑張っているのではなく、周りに支えてもらってこそ今があるのだということに気づくことができて、「ならば、その恩に報いよう」と気持ちを切り替えられるようになります。

9 気負いが空回りしてしまう

「管理職たるもの、なんとしても頑張らねば！」つい、鼻息荒く気負ってしまいそうになります。それはそれで全然ＯＫですが、気負い過ぎてふと気付くと空回りしてしまっていることも。言い換えると「自分ばっかり頑張っている」「自分はこんなに懸命なのに」と自分本位の思考に陥ってしまうこと。前項目でも触れましたが**「自力」にばかり囚われていると上手くいきません。**

向き合い方▼主役は部下さんたち、管理職はそのためのサポーター。いわゆる縁の下の力持ちに徹する。力持ちですから当然気負い十分でかまいません。ただ、それを前面に出すのか脇に回って発揮するのか。管理職が「私が私が」と主役を張ろうとする組織はうまくいかないものですし、部下さんたちも誰もついてきたいなどと思えません。成功した時は部下さんたちの貢献を称えて、失敗に転じてしまったのならば上司が反省する。**空回りを防ぐコツは上司としての「気負い」のパワーを「素直力」に振り向けることです。**お恥ずかしながら、しょっちゅう空回りをやらかしてきた私。そのたびに素直力の大切さを実感しています。

ワンポイント

「空回ってしまう」時は、負の連鎖にはまっている状況でもある。もちろん、ずーっとそれが続くわけではありませんから、押してばかりだと思うのなら引いてみたり、逆にそれで後手になってしまうのであれば、再度押し直したり、「空回る原因がどこにあるのか？」を自分なりに振り返って改善していけば、やがてプラスへと転じていくことでしょう。

10 助けを求めてもいいの？

管理職って何かと孤独なもの。それまで和気あいあいと共に仕事を分かち合ってきた仲間たちと一線を画し、毅然とした振る舞いが必要となります。**いつまでも「仲良しクラブの班長」でいられるわけではありません。**

とはいえ「誰にも頼っちゃいけないんだ」と決めつける必要はなくて、管理職だって助けを求めていいのです。

向き合い方▼一人で抱え込もうとせずに、困った時切羽詰まった時は遠慮なく周囲にSOSを出しましょう。その相手とは、何も職場の上司だけでなく、プライベートで学びのコミュニティを見つけたり、場合によってはネットのスキルシェアサイト（例：ストアカ、ココナラ）などを利用することも一案です。本を読んでその答えを見つけることも、ある意味相談みたいなもの。いろいろな考えに接しながら自分の思いを整理していくことができて、新たな視点を見出すことも可能です。主観だけで解決できることなんて限られているから、客観の助けを借りることは多いにアリです。

ワンポイント

「助けて！」と管理職が言うの、全然ＯＫ。時には部下さんが助けてくれることだってあるし、そんなカッコ悪い上司だってかまいません。

管理職は大変！　心が持たない…　まとめ

管理職ってやりがいも多いけれど、メンタリティ大変なんだよなぁ。こうして書いてきて改めて気付かされます。「頑張るの当たり前だから…」と肩に力を入れ過ぎずに、努力している自分を褒めて、労うことも忘れないようにしてくださいね。

2 コミュニケーションの悩み

「職場の悩みのほとんどはコミュニケーションに起因するもの」と、よく言われます。管理職としての悩みの大半もこの「コミュニケーション」にまつわるものといっても過言ではありません。では、どんなコミュニケーションの悩みなの？　という点について具体的にお伝えしていきます。

11 身内びいき？

身内びいき、それってどういうこと？　ちょっとわかりづらい表現だったらすみません。

これは女性特有のコミュニケーションスタイルなのかもしれませんが、特に身内（つまり自分の部署の部下さんたち）がかわいくて仕方ない。ある意味母のような気持ちになっちゃう。

すると、つい、クライアントに対しての思いよりも部下さんへの思いが上回ってしまいます。クライアントが理不尽なことを言い出そうものならば、「**うちの子たちに何苦労かけてんのよ～**」みたいに心の中でムッとしてしまう。もちろん、表立ってそんな言葉を口にするわけではありませんが、ちょっと身内寄りの思考に陥ってしまうことは反省があります。一方、部下さんたちからは「いくみさんがクライアントに毅然と対応してくれた」と感謝されたりして。それがまた嬉しいのです。

向き合い方▼当然、部下さんたち側を守るべきところは徹する。ただし、クライアント側の立場や考え方、何よりもクライアントにとってのベネフィットを見失わないように。どちらか一方に偏ることなく、**塩梅よく両者のバランスを取ることを心がけるようにしましょう。**

ワンポイント

過度に身内ばかりを引き立てようとしてしまってはバランスが取れないかもしれませんが、逆に他部署やらクライアントばかりを贔屓にしようという、そんな上司の思考に、部下さんは敏感に拒否感的な印象を持つものです。

12 感情論で語ってしまいそうになる

身内のメリットを優先してしまおうとする点に加えて、女性あるあるのもう一つが「**感情論で語ってしまいそうになる**」こと。これも私がよく反省することの多い点です。女性は感情に影響されやすい傾向にあると思います。部下さんから悩み相談をもちかけられた時には、感情に寄り添うことはもちろん大切ですが、上司が感情論で語ってしまいそうになるのは避けたいもの。

例えば、業務の進め方について、部下さんそれぞれの取り組み法があるものですが、「このやり方は好き／このやり方はあまり好きではない」と感情的に捉えて評価してしまいがちだったり、考え方が似ていてウマが合う部下さんをつい、贔屓目に見てしまったり。そんな時の対処法は？

向き合い方▼やり方や考え方について、もちろん基本の業務手順に沿っていることが大前提ですが、その上で人によって対応の仕方はいろいろあったってかまわない。**上司は「よい／悪い」というどちらか一方思考ではなく、できる限りニュートラル（中立）の姿勢を心がけましょう。**

ワンポイント

方法A、方法B、方法C…どの方法を取ったにせよ、所要時間とクオリティに同じ結果をもたらすのならばＯＫ。これを判断軸にすればよいです。

13 年上&男性の部下さんとの接し方

男女かかわらず、管理職として部下さんと接するのに「年上」の相手には気を遣うもの。女性管理職の場合はさらに「年上&男性の部下さん」というお相手に対して、つい苦手意識を抱いてしまいがちです。

向き合い方▼まず、苦手意識を取り払うこと。こちらが苦手だと感じてしまうと、相手にもそれが敏感に伝わってしまうもの。年上だろうが異性だろうが分け隔てなく上司として接することが大切です。

そして特に年上の部下さんとのコミュニケーションにおいて大事なのは、**相手へのリスペクト**。年上ということは自分より多くの人生経験や知恵を持っているに違いありません。それがたとえ数年の年の差だったとしても10年以上の差だったとしても同じ。その気持ちをもったうえで、必要な助言や時には厳しい指摘をすることも、年上だろうが年下だろうが、上司としての部下さんへの寄り添いという点においては何ら変わりないことです。

ワンポイント

私が年上&男性の部下さんに接する時に、最初はついおどおどしてしまいがちでした。そんな時に部下さんの一言が刺さったのです。「いくみさん。上司として年下だろうが年上だろうがかまわず振る舞ってください」上司の思い込みなぞ無用で、部下さん自身は割り切って捉えてくれているのだと教えてもらいました。

14 女性同士の人間関係

一方、女性同士の人間関係だからこそ、かえって気を遣う場面もあります。

前章でも少々触れましたが、同じような経験や実績がある者同士だと、なかなか相手を認めようとするのが難しかったりするもの（これは何も女性同士に限ったことではないかもしれませんが)。

「いくみさんが管理職だってさー。へぇ〜」

「いくみさんは、こんな点がイケてないのに、なんで管理職やってるの?　私のほうがよっぽど秀でているはず」

そんなふうに思われているであろうこと、しょっちゅうです。

向き合い方▼誰もが完璧に認める管理職なぞ、存在しないといってても過言ではありません。女性はやや完璧思考が強いように私自身にも自覚があるので、つい、上司に対しても完璧であってほしいと願ってしまいがちです。それゆえ、部下さんにとっては多かれ少なかれ上司のポンコツ度合いがつい気になったりしますから、それはそれでよし。**気にしないことです。**

ワンポイント

上から目線で構えるのではなく、とくに難事が訪れた時は、とにかく部下さんより率先して取り組んで必死に対応する。そんな姿、女性同士だとなおさら意気に感じてもらえて、ポンコツ上司→いい上司へと評価を変えてくれたりします。

15 信頼できない上司にあたったら？

管理職といえども、もちろん自身にとっての上司も存在します。自分が上司の立場として部下さんから「この上司は信頼できない」と思われてしまう事態は何としても避けなければなりませんが、逆に自分が部下の立場に切り替えた時には、私と同じ考えを持っている上司ばかりではありません。

例えば、部下の言葉を聞いているふうを装っていて実ほとんどスルー、相談されたのに聞きっぱなしで解決策まで導くことなく平然、自分の考えを押し付けることばかりに熱心、上司のまたその上司へのアピールに必死…いろいろな上司がいるものです。

向き合い方▼自分が上司に対して信頼できないと感じていることは、逆に言えば「部下さんたちに対して、こんな振る舞いをすべきではない」と反面教師的に思えること。

残念な上司へ「反面教師どうもありがとう」「人の振り見て我が振り直せ」の精神です。

ワンポイント

「親と上司は選べない」とはよく言われますが、これればかりはどうにもなりません。仕方ないのです。

16 学歴は関係ないと言うけれど…

私の学歴は大卒ですが、巷間言われるような有名大学ではありません。その上、学生時代に特に有利な資格など何も取得しておらず。キャリアを積んでいくうえで学歴がポイントになることもあるかもしれませんが、幸いにしてそんな場面に遭遇することはなく今に至ります。

私自身はもこれまで仕えてきた上司が、部下の学歴云々という思考を持っていなかったことにも恵まれましたが、場合によってはソコを気にする上司やら外野もいる。そんな人たちとのコミュニケーション、どうすればよいのでしょう？

向き合い方▼専門的な職種によっては、学歴（バックグラウンド）がパフォーマンスに影響するということもある。でもね。他者から見える自分の姿ではなくて、**とにかく自分が誇れる自分の姿に曇りがなければよいのです。**一流大学だろうが三流大学だろうが、それは世間が格付けしている符号みたいなものに過ぎません。

もし、学歴について他者とのコミュニケーションで悩んでいることがあったら、この点を参考にしてくださいね。

ワンポイント

学歴を気にしようとしたところで、残念ながら学生時代に戻れるわけでもありません。大事なのは出身校の世間的なステータスではなく、社会に出てからの自分の頑張りステータスなのです。

17 褒め方、叱り方

私は人を褒めるのは得意で、部下さんたちのことをしょっちゅう褒めています。

よく頑張りましたね。目標達成はすごい！　さすが〇〇さんだわ。そのアイディア素晴らしいね…ｅｔｃ．

なぜならば、業務を実施している主人公は部下さんたちであって上司ではない。部下さんのパフォーマンスに1つひとつ感動する心を持っておくべきというのが私の信念でもあります。

一方、叱るのは実はかなり苦手。例えばミスがあったり上手くできていないことがあったりした時に、つい「いろいろ大変なのだろうから、次頑張ってくれればいいや」とおおらかに見てしまおうとするからです。あまりにも同じことを繰り返してなかなか先に進めなさそうにしている時は「何が問題なのかしら？　状況教えてください」と問いかけることはもちろんありますが、頭ごなしに「あなたが悪い」「ここ改善しないとまずいから」といった言い方をするのは本意ではないのです。

向き合い方▼褒め上手だと自分で思えるのならば、どんどんそれを発揮していきましょう。「褒めるのが苦手だなあ…」という管理職の方は、ちょっとした短い言葉でもよいので、**自分が人から言われたら嬉しいと思えるフレーズを部下さんに対しても口に出して伝えるように**してみてください。

褒められてイヤな気持ちになる人はいませんし、逆に、「なかなか褒め言葉を上司からかけてもらえない」と部下さんに思われてしまっては、それだけで損をしてしまうものです。

私のように叱り下手だという管理職のあなた。「叱る」という表現がなんとなくネガティブに思えてしまいますよね。仕事の先輩として助言する、というスタンスではどうでしょうか？　もちろん、改善が急がれる事態の場合は、厳しめな言い方をしてもよいのです。**特に重大なミスは対クライアントやその他の関係者や、それまで築きあげてきた信頼関係を崩してしまうことにつながってしまいかねません。**なぜそれが起きてしまったのか？　再発防止のためにはどうするべきか？　本人にしっかり自覚してもらう必要があります。

ただし「叱りっぱなし」はご法度。その後、事態の収拾ができた時は、その時点でねぎらいの言葉がけを怠らないようにしましょう。

ワンポイント

「褒める」「叱る」という表現自体が、やや高圧的な印象もありますから「共感する」「寄り添う」「気付きを助ける」そんなふうに上司が思ってみたら。部下さんが行動ヒントにしてもらえることが多いにあるでしょう。私はよく「アドラー心理学」についての書を参考にさせてもらっていて、そのなかの一節をお借りします。

「人の育て方に迷った時は、自分に質問をするのだ。『この体験を通じて、相手は何を学ぶだろうか？』と。そうすれば必ず答えが見つかるだろう。」

(『アルフレッド・アドラー　人生に革命が起きる100の言葉』(小倉広著) より引用)

18 部下さんの目標の持たせ方

部下さんの目標を明確にして、それを達成するために導いていくのも管理職の大切な役割。それぞれの企業で「目標設定」についての手順があり、多くは職位に応じて具体的な項目が定められています。私の勤務先でも同様で、年度ごとに、まずは期初に目標設定を行い、期末に業績評価を行うという要領です。とはいえ、これはある意味形式論でもあって、実際に部下さん一人ひとりが目標を描いて到達のためにどう行動していってもらうのか？　については、**日々の業務のなかで上司が意識を持ちながら、いろいろな機会に部下さん自らチャ**

レンジしてもらうことが大切です。具体的にはどのように取り組んだらよいのだろう？　長年管理職をやってきている私でも、いつもこの点は悩みます。

向き合い方▼部下さん自身がどうやってキャリアアップをしていきたいのか？その点を上司がしっかり聞き取って、自分事として捉えていくこと。もちろん達成していくのは部下さんであって上司ではないのですが、上司は部下さんのキャリア形成の伴走者。例えるならば駅伝でよく見かける、監督からの叱咤激励のシーンみたいなものを想像するとよいかもしれません。長いコースの中で、それぞれの状況や起きている事象に応じて、都度アドバイスをして励ましの言葉も忘れない。

「目標の持たせ方」と言うとちょっと上から目線的になってしまうので、「**目標の果たし方**」と表現したほうが適切かもしれません。

ワンポイント

部下さんの目標を上司が描く必要はありません。画家は部下さん自身で

あって、上司は、画用紙や絵の具のような存在として支援していけばよいのです。もし、描き方が解らないという部下さんがいたら、デッサンを手伝ってあげるようにしましょう。そして、その根拠は何なのか？「自分の成長」「業績へのさらなる貢献」「業務改革」などいろいろあるでしょうが、部下さんにとっての目標根拠を具体化してもらうことをサポートするとよいのです。

19 人を評価することの難しさ

管理職業務として、私がもっとも困難だと実感しているのが「評価」です。会社組織においては、上司の評価結果によって部下さんの年度ごとの処遇（報酬）が決定される仕組みとなっていることがほとんどですから、当然、上司は懸命に取り組まなければなりません。

部下さん全員に１００点をつけてあげたいのは山々なれど、**限られた原資のなかで人件費配分を決定するのも、上司の重要な役割でもあるから、会社から**

は絶対評価ではなく相対評価が求められます。良好な評価結果となった部下さんからは「ありがとうございます」と返ってきますが、そうでなかった部下さんからは「なんでですか？　納得いきません」と反論されてしまうこともしばしば。

向き合い方▼評価結果が腑に落ちない時。私が部下さんの立場だったら、きっと同じように上司へ問います。だからその気持ちがとてもよく分かるのです。

何かを取り繕うとせずに、まずは正直に説明します。「限られた原資のなかで社員全員に配分するためには順番をつける必要があって、あなたの業績について今回はこのように位置付けを決めさせてもらいました」それでも部下さんにとっては受け入れ難いという気持ちも残るでしょう。ここで話を切るのではなく次期に向けての目標を伝えて、そして、1年後に必ずその成果をしっかり受け止めることが大切です。

ワンポイント

私の勤務先で何度か「評価者研修」というプログラムを受ける機会があって、その際に講師から言われたことが刺さりました。「人事考課もコミュニケーションの1つです」。上司が一方的に何かを伝えるのではなく、しっかりと対話をして部下さんの未来につなげていくことが、評価者の使命なのだと心しています。

20 「人事上のウッカリ」を防止するためには

ウッカリ何かをし忘れてしまうこと、特に「人事上の大事な点」について、とあるミスを起こしてしまったことがあります。

具体的には、異動した部下さんへ業績評価の伝達漏れについてです。

会社の期が変わった時に異動が発生することが多いですが、前期評価結果を説明するのも、元上司の大切な役割。

ところが、現在の組織メンバーのことばかりに気持ちがいってしまい、異動メンバーに声をかけることを失念。ご本人から別の担当者に問い合わせがあって、ハッと気付いたのです。その後改めて謝罪とともに、内容の伝達をしようとコンタクトを試みるも「もう、いいです」と断られてしまいました。

当事者にとっては「自分は関係ない存在と思われている」とさぞかし悲しい気持ちになったことでしょう。本当に申し訳ない。

「つい、ウッカリ」で済まされるようなことではありませんが、今後の防止のためにはどうすればよいでしょうか？

向き合い方▼業務上のウッカリは、なんとかその後リカバーすることが可能な場合も多いですが、人事上のウッカリは私の事例のように取り戻そうとしても無理。なぜならばそこには「ウッカリを被ってしまった相手の辛い思い」が存在するからです。

特に社員全員に対して行われることについては、異動した元部下さんも含まれているか？　もしくは、育児休業等でしばらく休みをとっている部下さんもいるでしょう。

会社から受け取る「対象者リスト」だけでは、そうした人たちが抜け漏れてしまうことも否めませんので、過去2～3年位の全部員リストと常に照らし合わせて、1人ずつチェックしていくことで防止に繋がる。ミスをしてしまった後にはこの方法で徹底することに努めました。

もう少しシンプルに言うと「**仲間外れを作らない**」。この意識を常に持つことです。

ワンポイント

ウッカリからくるミス。せっかく築いてきた部下さんたちとの信頼関係も、あっという間に消失してしまいかねません。二度と起こしてはならない。肝に銘じています。

21 アドバイスしたつもりが仇に

部下さんが悩みをかかえている時に、上司が親身になって相談を引き受けることは大事ですが、時として、アドバイスしたつもりだったのに、かえって仇になってしまうことがあります。

私の苦い経験をひとつお伝えしますと、ある部下さんが壁にぶち当たっていた時。たまたま彼女と同じ出身校の先輩も同様に部下さんであったことから、この二人を引き合わせることにしました。先輩後輩同士親睦を深めてもらって、さらに活躍してくれたらいいなぁ。そんな「親心」からでしたが。

まずは先輩が転職してしまい、次に後輩がその先輩に誘われてさらに同じ転職先に追随。結果、二人の部下さんを失うこととなってしまいました。

向き合い方▼上司がよかれと思って部下さんに手を差し延べようとしたところで、それを「親切」だと感じ取るのか、はたまた、「情報もらってラッキー」と感じ取るのか？　**部下さんの心情をコントロールすることなんて、当然ながら不可能です。支援した、と思える自分の行動を客観視すればよいのです。**自社にとっては人材の喪失になってしまったけれど、本人の人生にとってはプラスであったことなのかもしれないから。

ワンポイント

「親の心子知らず」「子の心親知らず」上司と部下の関係に、そんな側面があったってかまいません。相手が自分に対してどう思うのか？　他人の気持ちは変えられないのです。

22 「男性優位の思考」はまだ残っている

男女雇用機会均等法、女性活躍推進法…行政がさまざまな取り組みを施しているものの、「男性優位」の思考はまだ残っていると感じることも少なくありません。

例えば、私が部長になった時にクライアントから「いよっ！　女部長さん」とからかわれてしまったり、あるポジションを担うのに同じようなキャリアやパフォーマンスを持っている複数人がいる場合、男性が選ばれる機会が多いことだったり。いちいち反応しようとしたところで詮無いですから、なるべくスルーしますが、まったく気にならないかといったらやはりそうではありません。

向き合い方▼これまでの会社組織において、男性優位で進んできた長い歴史があるから、一朝一夕に払拭するのは難しいのかもしれません。ジェンダーフリーにどう取り組むのか？　会社毎に施策があることでしょうが、**自分自身が一人の企業人として男女関係なく誇りを持って行動する**ことで、少なくとも外野の雑音は気にせずに済むようになります。

ワンポイント

性別によって対処が変わる。もし、そんな場面に遭遇してしまったら。逆に自分は決してそういう振る舞いをしない。「15信頼できない上司」

の項で書いたことと同じになりますが、こうした場合でも「人の振り見て我が振り直せ」の精神でやり過ごしちゃいましょう。

23 職種による文化の違い

会社における職種とは例えば「事務職」「営業職」「企画職」「経理職」「人事職」「開発職」などになりますが、各分野によってもちろん、文化の違いがあるもの。それぞれ従事している人材の得意分野が異なる（ゆえに、各職種を選択されている）とも言えます。

私自身は事務職、営業職、人事職などの経験をしてきましたが、管理職として経験職種の部門のみに配属されるとは限りません。未経験の職種を受け持つことになった時に自分の経験則が通用しないこともある。そんな時はどうしたら良いのでしょう？

向き合い方▼まずは部門の様子をよく観察してみます。部下さんたちのコミュニケーションスタイルや、何を最も重んじているのか？　資料の作り方や保管管理方法…etc.　**ここでよく間違ってしまいがちなのが、以前所属していた部門と比較しようとすること。**そりゃ、慣れている職種・部門であれば居心地が良いと感じるでしょう。しかし、同じ企業内だとしても、その部署が培ってきた文化は異なりますから、管理職がしっかり受け止めようとしないことには、新しい部下さんたちだってついていこうと思いません。また、職種についての知識が不十分ならば、自己学習や部下さんに教えを乞うのも怠らないこと。内容的に自分が苦手分野な場合もありますが、任されたからには苦手を乗り越えようとする意気込みも大切です。

管理職をしばらく経験しつつあった最中でも、こうした点が分かっていなくて失敗してしまったこともありますが、とある時部下さんから言われた「いくみさん。**私たちの職種のこと、もうちょっと知識増やしてください**」。この言葉にハッと気付かされました。

少々長くなってしまいますが、この時の経験をさらにお伝えしますね。

当時、かなり急な人事異動があって、それまで全く担当したことのない業務・ほとんど関わったことのない部門の管理職に就きました。**ある意味完全アウェー。**もう1人別の管理職がすでに居たこともあり、部下さんのなかには「何しにきたんすか〜」とあからさまに質問してくる人もあり。慣れない分野でただでさえ冷や汗ものなのに加えて、こんな状況でドンドン及び腰になってしまったのです。そうして数か月が経とうとしていたところ、先にお伝えしたメッセージを別の部下さんからもらいました。

苦手だなどと逃げている場合じゃない、とにかく入り込もう。関連する講演会に参加してその場でもいろいろ質問してみたり、書籍を買ってきて学んだり。周囲の様子もよく観察しようと心がけているうちに、なんとなく肌馴染みや親しみが芽生えてきました。

その後、ある新しいプロジェクトが立ち上がることとなり、リーダーができる人材が全員ふさがってしまっていて、自分がリーダーをやらざるを得なくなってしまった出来事に遭遇。それまでの経験蓄積として、管理者としてはいろいろと身に着けてこられた感はありましたが、分野そのものの業務実施者は未経験。この時ばかりはもう無理——って何度も叫びそうになりました。しかしとにかくやるっきゃない。業務を覚えるのとプロジェクトを回すのと同時進行でしたが、幸い、ベテランの部下さんたちが助け舟を出してくれて、なんとか乗り切ることができました。

すると。

苦手意識などどこ吹く風、**実業務の体験も加わってこの分野の醍醐味を知り、とても好きになった**のです。部下さんたちとのコミュニケーションもよりスムーズに密に取れるようになったとも実感。

残念ながら、さらに人事異動でこの部署からも離れてしまいましたが、**職種による文化の違いを知って自分から入り込んでいく**ことがいかに大切であるか。身をもって学ぶよい経験となりました。

ワンポイント

「郷に入っては郷に従え」と言われるとおり、後からきた上司は、オープンマインドでガッツリ入り込むべし。コミュニケーションが取れてくるようになった時に、もし、「自分がこれまでやってきたやり方がよさそうだ」と思った点があれば、その時に初めてアドバイスすることにして、最初から自分の経験則を押し付けるのは止めましょう。

24 クライアントから「出禁」と言われてしまった！

管理職がクライアントとの関係性を良好に保つべきは当然のことですが、苦手な相手というのは少なからず存在するもの。とあるクライアント、仮にAさんと呼びます。Aさんはとても個性が強い方で、前任者も上手にコミュニケーションが取れず苦労している姿を目にし、このクライアントを引き継ぐ時かなりドキドキしてしまっていたのです。実際の担当営業である部下さんは良好な関係を築けているのが幸いでしたが、私は、お恥ずかしいことに、彼の前に出ると蛇に睨まれた蛙のごとし。先方からの質問にもうまく答えられずに謝罪を繰り返す状況。とうとう部下さんのところにAさんから電話がかかってきました。

「あのねー。いくみさんに、もううちの会社来ないで、って言っといて」。なんと！　出禁宣言です。長い会社員人生、出禁になったのは後にも先にもこの一回しかありませんが、もう、どうしたらいいのやら、せっかく関係を構築してきた部下さんには申し訳なくて、目の前が真っ白になりました。

結局、当時の上司が出ていって、事態の収拾をつけてくれましたが、しばらくはこのことがトラウマになってしまい、管理職を続けていく自信も消え失せてしまいそうでした。

向き合い方▼その後に反省点を見出そうとしても自分では探せず。なぜうまく立ち回れなかったのだろう？　振り返ってみても、理屈じゃなくてその場ではもうテンパってしまっていた、ということしか記憶に残っていません。
言葉が適切じゃないかもしれませんが「天敵」みたいな存在。仕事をしていると、時としてそうした相手に出会ってしまうこともあります。おそらく先方も私のことを理屈じゃなしに「不快な相手」と思っていたかもしれない。

上司が「気にすんな」と言葉をかけてくれたことがせめてもの救いでした。部下さんにとっては「いくみさん、情けないなぁ～」という感が否めないでしょうから、その点は本当に申し訳ない思いでいっぱいでしたが、我がボスのアドバイスのとおり、**とにかく気にしないこと。**途中かなりメンタルがやられそうになったものの、なんとか凌ぐことができました。

ワンポイント

クライアントを怒らせてしまう上司。本来あってはならないことですが、管理職とて合わないお相手というのもいるものです。周りに助けてもらって解決できることだってあります。

25 「社内営業」って必要？

管理職として部下さんとの寄り添いやクライアントとのコミュニケーションに気を配っていきますが、それだけで事足りるでしょうか？

企業において、これらのことと共に重要なのが実は「**社内営業**」です。

自分たちの周辺だけで頑張ろうとシャカリキになったところで、それだけに注目してしまうと「井の中の蛙」になってしまいかねません。

向き合い方▼同じ会社の中でも様々な部署があって、ともすると縦割りになりがちなものですが、事業全体から言うと大きな目的としては同一ですし、人材だって共有の財産です。

自部署の利ばかり優先していると、いざと言う時に他部署からも助けてもらえなくって、結果、管理職本人が孤立してしまうことだけでなく、部下さんも路頭に迷ってしまうことにもなりかねません。

日頃から「他部署の利」を意識して、それぞれの部門長とコミュニケーションを図ること。相手の担当業務に敬意を払うこと。部門長同士で接点のある共同会議などの機会に、できる限り「社内営業活動」をしておくと、困った時に助けてもらえることも増えます。

すると、部下さんから「自部署のことだけで解決できることじゃなかったとしても、**この上司に相談すればなんとかなる**」との信頼にもつながります。

ワンポイント

「利他の心」が大切であるとよく言われますが、社内においてもこの点を意識して、他部署との関係を築いていくこと。それも上司の器なのです。

コミュニケーションの悩み まとめ

コミュニケーションとは、「職場運営における永遠の課題」と言っても過言ではありません。業務内容だったり会社そのものの方針だったりよりも、部下さん1人ひとりにとっては良好なコミュニケーションが取れる職場であることこそ、やりがいへのプライオリティとも言えるでしょう。その鍵を握っているのは上司にほかなりません。

コミュニケーションスキルは管理職として最も大事なポイントであるということを忘れずに、人と人との関わり合いを大切にしていきたいものです。

3

ビジネススキルの悩み

コミュニケーションスキルは最も大事なポイント。その一方、管理職として、どんなビジネススキルを備えていればよいのだろう？

コミュニケーションについてはいろいろ努力してそれなりのスキルを身につけられたと自負しているのですが、いわゆる「ビジネススキル」、お恥ずかしながらこのあたりは私、チョット弱いです。具体的にどんな苦戦をしてきたか？　この点も包み隠さずお伝えしますね。

26 「ビジネススキル本」多読しなきゃいけないの？

読書は好きで、ビジネス書もよく読みます。とはいえ「ビジネススキル本」（この表現が適切じゃなかったらすみません）って少々苦手。例えば「ロジック○○とは？」「○○分析とは？」「○○マーケティングとは？」等、主に海外の専門家発祥の学説をもとにしているもの。

しっかりとした科学的根拠も踏まえて説かれているに違いありませんが、読んでいてもどうにも難解過ぎることが多く、ハッキリ言ってあまりときめかないのです。２００９年頃に一世を風靡した『もしドラ』みたいに身近なテーマに置き換えて解説をしてもらえるのなら楽しいのですが、残念ながらそういうテイストではありません。多読しなきゃいけないのかしら？

向き合い方▼勤務先で定期的に開催されているビジネス塾があって、私も参加経験があります。そこで課題図書として「ビジネススキル本」をいくつか紹介されたため、我が本棚には「ロジック○○」「○○分析」等が何冊か並んでいます。もちろん、課題図書ですから読みました（と、言うより読んだつもり）。断片的にはその内容を覚えていて、仕事上で活用してみようと試みたこともあるのですが、なんともしっくりきません。読書ってただ読んだだけじゃ記憶に残りませんしスキルとして蓄積もされませんから（「読んでみた」という事象がストックされるのみ）、**例えば感想文を書いてそれを他者に伝達することができたり、そもそも自分のマインドに落とし込めるのか？　その観点で「どの本を読むのか」を決めればよいのではないでしょうか。**

ワンポイント

書から得られることはいくらでもあって、だからこそ学びの手段としてかけがえのないもの。もちろん、ビジネスパーソンとして「これは読んでおいたほうがいいだろう」「この理論は習得しておくとためになるだろう」という点はあるかもしれませんが、とにかく、読んだことでさらに、自分の仕事に対してもトキメキを感じて他者にも伝達できるようならば、その一冊は宝になってくれることでしょう。

27 理論と実践、どっちが大事？

管理職としてビジネスを牽引していこうとするならば、おそらく「理論のようなもの」も必要になる。「ようなもの」とあえて書いたのは、私自身があまりその点を意識してこなかったからです。仕事って生き物だし、それを実施するのは感情を持った人間同士なので、どんなに理論武装しようとしたところで、思いどおりに物事が運ぶばかりじゃありません。むしろ、思いどおりに運ばないことのほうが多い。そんな時に理論にばかり囚われていたら「絵に描いた餅」をひたすら追い続けることになってしまいかねないです。

向き合い方▼「絵」じゃなくて「実践」すること。どっちが大事なのかと問われるならば、私は迷わず後者だと答えます。経験していくにつれ、次の展開や必要な対処を見据えることができるから、習うより慣れろの心意気。私が部下の立場だったら、**「ロジカルな上司」よりも「行動派な上司」**が頼りがいがあると思えます。**ただし管理職としての考え方や指示の仕方には一貫性が必要です。**

言い換えると信念と情熱をもって取り組むことが大切で、もしかしたらそれを「理論」と呼ぶこともできるかもしれません。

ワンポイント

考える暇があったら、まず行動。刑事ドラマのセリフではありませんが、答えは現場にあるに違いありません。

28 判断力を磨くには

女性はどちらかというと判断することが苦手ではないでしょうか？　私自身がそうです。物事を白黒2択で分けるのではなくて、例えばオフホワイトやダークグレーや曖昧なことだって、いろいろあるから…そんなふうに考えてしまいたがちです。とはいえ、管理職の役割において「判断する」というのは重要なこと。どうキッパリと決めていけばよいのでしょう？

向き合い方▼曖昧なことへの心遣いをないがしろにしなくても、もちろん構いませんが、**とにかく「判断する」癖をつけましょう。**私も最初の頃はなんとも煮え切らないことが多く、判断力まるでありませんでした。しかし、部下さんから「いくみさん。こっちなのかあっちなのかハッキリ決めてください。私たちはそれについていくだけですから」と言われてハッと気付かされました。上司がフラフラしていたら部下さんたちは迷ってしまいかねない。船頭ならば率先して漕いでいくのみ、なのです。

それ以来、「こう決めたらリスクがより少ないだろう」「こう決めたら納得感がよりあるだろう」「こう決めたらクライアントへの貢献になるだろう」と、とにかくなんらかの根拠を持って決めることに徹しました。もし、それがよい方向へと導けなかったとしたら責任を取る（つまり、職位からはずれる）覚悟を常に持っておけばよし。ちょっと極端な言い方かもしれませんが、それくらいの気概で臨めば判断することへの苦手感・抵抗感も薄れてきます。

ワンポイント

判断する経験を積んでいくことで、判断力を磨くことができます。場数を踏んでいくうちに「勘所」が身について、より的確な判断を下せるようになるもの。いったん決めたらブレないことも大事です。

29 ライバルは必要？

会社員仕事だけでなく、アスリートだったりアーティストだったり…etc. 何かを極めようとする時に、いわゆる「好敵手＝ライバル」の存在があると共に切磋琢磨し合えるというのはよく聞くことです。ただ、ライバルって自ら作りにいくものではなくて、自分が必要とした時にその場にいてくれるものでもなくて、たまたまそこに同じような生き方をしている人がいた、ということではないかしら？

向き合い方▼私が管理職道をひたすら突き進んできて、いわゆる「ライバル」と呼べる相手はいませんでした。

社内で先輩管理職として活躍している女性たちは何人かいましたが、どなたも私より数段優れていて、ライバルというより追いかけていきたい、ある意味憧れの存在。しかも、お互いの部門が異なっている状況でしたので、何かの競争をするという関係性ではなく、共に業績を背負う責任者同士。幸いにして「ポジション争い」みたいな場面を経験せずに今に至ります。

仮に自分が担ってきた同じポジションを誰かと取り合う（男性でも女性でも）ことになったとしたら。ドラマや漫画の世界だと何やらドロドロとした策略が交錯するようなシーンも見受けますが、リアルではあんまり起こらないです。もし起こったとしても、なんとなく男性社会の出来事という感があります。**特に女性って（特に私は）そういうこと意に介さないもの。**勝ち負けにこだわるべきは営業上のことであって、社内のポジション争いに囚われる必要もありません。

ワンポイント

たまたま「ライバル」と呼べる存在と出会うのなら、それもよし。出会わないのなら、それもよし。ライバルがいるとかいないとかは、管理職の真贋にかかわることでもなくって、人と何かを比べてどうこうするよりも、自分の精進にひたすら専念するのみです。

30 検証やら分析やら…ちょっと苦手

何か新しい取り組みを行った時や、道具（例えばＩＴを活用してのシステム化など）を加えた時。はたまた、業務がうまく進んでいない時にその原因を突き止めて対策を打つ…ｅｔｃ．

管理職をやっているとさらに自分の上司から「検証」やら「分析」やらを求められることが常です。もちろん「数値化」をするのは大事ですが、そのために細々とデータを集めたり、理解を得るために「デコラティブ」なパワーポイント資料を作ったりするのも苦手です。何度も繰り返しになってしまってすみませんが、そんな暇があったらとにかく行動。部下さんたちと議論したりクライアントの話を聞きに行ったりが先決で、数値はザックリと把握しておけばよい。ついそんなふうに考えてしまいます。とはいえ、説明責任があるのもまた管理職の現実。悩ましいものです。

向き合い方▼これは私の方法なので、必ずしもベターとは言えないかもしれませんが、部下さんのキャラを見渡してみると、データをまとめたりそれを資料化するのが得意なタイプの方は、少なからず存在してくれています。

そんな彼や彼女に「検証」「分析」をお任せする、つまり、他力を借りてしまうのです。その部下さんのポジショニングは、もちろん部署のなかでも発言権のある立場として考慮することも忘れないように。「上司からのコミュニケーション」は他人にとって代わってもらうことはできませんが、「上司の業務タスク」は委任可能な部分もある。**管理職といえども正直なところ万能ではないので、シェアできることは部下さんたちに助けてもらうようにしましょう。**

ワンポイント

餅は餅屋。上司であれ部下であれお互いの得意を持ち寄って、より組織の活性化を図っていくことを目指したいものです。

31 ＤＸ、どう取り組めばいいの？

ここ数年で、ＤＸ（デジタルトランスフォーメーション）に向けての動きが加速してきています。「ＤＸ」という言葉自体の認識はなんとなくできつつありますが、実際には何を示しているのでしょうか？

２０１８年９月、経済産業省（デジタルトランスフォーメーションの加速に向けた研究会）により公表された「ＤＸレポート２」を参照してまとめると、「将来の成長、競争力強化のために、新たなデジタル技術を活用して新たなビジネスモデルを創出、柔軟に改変すること。ならびにレガシーシステム（古くなったコンピュータのシステムや技術）からの脱却」とのこと。

各企業、ひいては社会全体の取り組みとして、テクノロジーのさらなる活用と、もたらされる新たな創生の追求…とでもいいましょうか。

DX？　これまでのデジタル化と何が違うの？　よく解っていなかった私。お恥ずかしながら、女性管理職として「コミュニケーション第一！」を貫いてきたスタンスでしたので、そんなのどうでもいいだろう…などと高をくくっていた感も否めず。加えて、**二文字略語というだけで苦手意識を持ってしまっていました。**とはいえ、世の中の潮流に対して傍観するのではなく、管理職としてどう取り組んでいけばよいのか、マインドを切り変える必要がありそうです。

向き合い方▼業務での様々なデジタル化は年々推進されてきて、アナログ全盛だった頃と比べての大きな変化を経験してきました。とはいえ、デジタル推進で効率化が図れたから。と、なんとなく満足してしまったのも事実。まだまだ仕組み化できていないこと、その先にどんなビジネスモデルが創生できるのか？　お恥ずかしながらそこまで考えが及んでいません。具体的に「何を」「どうやって」が思い描けていないのですが、とにかく管理職自らがＤＸを意識しつつやっていくことが大事。

例えば、自分たちが行っている事業において、クライアントのどんな「困った」に支援ができるのか。これまでの経験を集積して導き出される得意分野を、ＡＩの力も借りつつ仕組み化してＰＤＣＡを回していく…など。

かなり抽象的な表現ですみませんが、複雑に考えようとしたところでキリがないのでシンプルに。

「困ったの解決」→「これまでのナレッジ」→「得意分野の恒常的発揮」→「サイクルを回す」

まずはこんなふうに捉えていくとよさそうです。もちろん、これまでもやってきていたこともあるけれど、どこかパーツだけで終わっていて「流れ」にできていなかった。この点をより意識することで「波」に乗り遅れないよう心がけていこうと思います。

ワンポイント

ＤＸと直接的に関連することではないかもしれませんが、そもそも管理職が自分自身のＩＴリテラシー向上に努めなかったら、意味がありません。「この上司はＩＴ苦手のようだ」と部下さんに思わせてしまったら、いくら「ＤＸ！」などと声かけしたところで響きません。

32 望ましい「会議のあり方」とは？

会社組織においては、とかく「会議」が増えてしまいがちです。とくに部門を統括する立場になっていくにつれ、「会議を主催しなければ！」と、ひたすら「義務感先行型ハッスル」的な実施だったり、会議こそコミュニケーションを深める場だと勝手に思い込んで、それを部下さんにも強いたりしようとしてしまいます。私もそんな調子で「とりあえず会議」をつい主催してしまったことが多いのですが、決まった人ばかりが発言したり、議事録担当者は会議参加よりも議事を取ることに専念せざるを得なかったり…いわゆる「**会議のための会議**」になってしまっていることに気付いたのです。「望ましい会議のあり方」とはどうすべきでしょう？

向き合い方▼会議をまったく実施しない、ということでは決してありませんが、本当に必要なことのみに絞る。単なる報告や情報共有だったらメールを使えば良いし、とくにコロナ禍となって以降は、コミュニケーションのスタイルもリモートメインへと変化を遂げつつあります。参加者が（リアルでもリモートでも）顔を突き合わせて時間を共有してでも議論すべきこと（例えば問題が発生していて、みんなの意見交換で解決法を見出したい。組織体制や人事体制など重要事項についてしっかり説明したい…等）を、主催する管理職が精査して実施することが必要。また、会議のやり方についても具体的なポイントを決めておくとよくて、私が心掛けているのは次のような点です。

・所要時間は Max 1時間を厳守

・事前に議題を知らせておき、目を通しておいてもらう（どんな話し合いをするのか、あらかじめイメージしておいてもらう）
・資料は基本なし。参考資料があれば会議招集案内（私の勤務先においては、Outlookのスケジュールを使用）に添付しておく
・参加者が1人ずつ意見を言う。発表者以外は話が終わるまで黙って聴く
・その後、意見交換やディスカッション
・議事録担当者はおかず、主催者が振り返りと必要なアクションプランについて、最後にまとめを行う

もちろん、これは一例に過ぎないので、管理職それぞれの考え方で進めていきましょう。

ワンポイント

その会議、「会議のための会議」になっていませんか？　会議を行うことそのものが目的になっている、そんな会議はなくすに限ります。

ビジネススキルの悩み まとめ

コミュニケーションスキルとビジネススキル、両輪であればもちろん望ましいでしょう。

ただ、私のようにロジック○○やら、○○分析やら、どうにも苦手だわぁ～という場合であっても、それでも管理職として何が最も重要なのか？自分の軸を決めて突き進めばよくて、行動していくうちに自分ならではの理論を築き上げることができるものです。

第3章まとめ

管理職になると見える世界の違い。経験してみる甲斐があります！

職場における女性管理職としての悩みを色々挙げていくうちに、「マインド」「コミュニケーション」「ビジネススキル」の3つのどこかに分けられるのかなぁと考えて〝仕事人としての悩みダイジェスト〟を綴ってきました。

次章では家庭人としての悩みについて、引き続きお伝えしていきます。

第4章

女性管理職の悩みあるある プライベート編

1

仕事人と家庭人 どうバランスを取ればいいの？

仕事も頑張りたいし、家事や育児にも一生懸命。女性管理職のプライベートの悩みは、妻や母としての役割をどう果たしていこうかという点や常に時間に追われてしまうことに尽きます。私は妻としても母としてもかなりイケてない口ですが(笑)、アップアップぶりをお恥ずかしながら披露させてもらいます。

仕事人と家庭人、役割や時間のバランスの取り方。ここがもっとも悩ましいものです。

33 仕事人の立場と、妻・母の立場との板挟み

まずは役割について。

「好きこそものの上手なれ」と言われるとおり、仕事好きだからこそ40年近く続けてきて、管理職に就くこともできたと振り返るのですが、私にとって家事や育児は「好き」という感覚よりも「やるべきこと」という感覚が上回ってしまいます。この感覚からすると、つい、仕事人を優先してしまいがちになるのですが、家事や育児も私の役割の1つであることに変わりありません。それぞれの立場の板挟み状態。どう切り抜けていけば良いでしょう？

例えば仕事に集中したい時に急な家庭の用事ができてしまったり、逆に家庭のことをやりたい時に、急に仕事の呼び出しがあったり…その度に右往左往してしまうのです。

向き合い方▼どちらの自分も同じ自分。言い換えれば仕事人と家庭人両方の生き方を選んだのは自分自身なのですから、できる範囲でそれぞれをやっていき

ましょう。あっちもやりたいのに&こっちもやりたいのにって、焦ってしまっても身体は1つしかありません。**どちらか一方をやっている時はその為の時間なのだと捉えて全集中すればよいです。**

ワンポイント

色々な役割、すべて完璧にこなそうとせず「ゆるっとこなしていこう」そんな考え方が長続きの秘訣です。

34 親との関係性

一方、自分の両親との関係性についても、ある意味役割の1つと言えるでしょう。個人的な話で恐縮ですが、2022年時点で父は91歳、母は90歳、ありがたいことに健在。今でこそ長生きして人生を十二分に楽しんでいる両親に深い尊敬の念を抱いていますが、何しろ「昭和1桁生まれ」女性が子育てしながら働くなぞ、もってのほかだという考え方の世代。私が息子を出産した後にも仕事を続けようとしている時に「何のために働くのだ?」「孫がかわいそう」とさんざんお小言を聞かされてなかなかに苦手な存在でした。

両親が娘の私に対して望む姿はおそらく「家庭をしっかり守って夫や子供を支える役割」だったと想像しますが、**両親には申し訳ないのだけれど、親の望むとおりに生きるかどうかは自分が決めること。**私はそうでない生き方を選びました。両親にしてみれば、私自身というよりも孫のことが心配でいても立ってもいられない…そんな日々だったのかもしれません。

向き合い方▼本章の冒頭でも書きましたとおり、妻や母としてイケてない私ですが、きっと娘としても相当イケてない存在、イケてない尽くしです(笑)。でもね。人生1度きりですから、自分が好きなようにやっていくこと。周囲から「どうよ?」と思われることを気にするのではなく、自分自身で「**これよ!**」と思える生き方をすることでよいのではないでしょうか。

私がそう思っているということは、息子も同じように思っているだろうから。自分が親の立場になった時には、「こうすべき」ということを極力息子には言わずに「元気でやっているなら、よし！」と見守りに徹することを心がけるようにしました。

ただ、親の介護が必要な状況になっていたら、こんなふうに自分の主張ばかり通すことも叶わなかったかもしれず、改めて両親に感謝の思いです。

夫の両親は我が父母より1回り近く年下ではありますが、やはり2人とも健在。長く商家を切り盛りしていたので義父母とも毎日忙しく働いていて、嫁の私が働いていようが、たまにしか帰省できずにいようがお構いなしの大らかさで接してくれたことも、ありがたいことこの上ありません。

ワンポイント

親の期待がどうであれ、子供は元気で楽しくやっていればＯＫ。もちろん、子供が親に対する期待もしかり。

自分が子供の立場であっても親の立場であっても、役割ってそこを軸にすればよくて、大切なのはたとえ親子間であったとしても、相手をリスペクトする心根です。

35 長時間勤務や休日の対応、無理！

仕事をしていると定時だけで終われないことも多々あり、時には休日（土日祝）の対応が必要なことも発生。自分たちの都合だけで物事が運ぶわけでなく、当然そこにはクライアントの都合が存在します。部下さんたちが臨機応変に対応してくれているなか、管理職だけ「お先に〜」と職務を終えるのは心苦しくて仕方ありません。さりとて、子供が幼少の頃はお迎え時間が迫ってきていて、後ろ髪を引かれるように去っていかねばならず。

コロナ禍以降はリモートワークが浸透してきているので、ワーママ部下さんたちの様子を見ていると、やや時間的な制約も緩和されつつあるように感じますが、それでもカウントダウン状態にあることに変わりなし。常に時間に追われてしまうの、もう、無理〜！　って叫びたくなることもしばしばです。

向き合い方▼人に与えられた時間は1日24時間で、どのような立場・状況であったとしても等しく同じ。パソコン持ち帰りやら会社スマホ携行やら、いろいろな道具を与えられたりしますが、定時以外であれば「できる限り速やかに対応する」ということでかまいません。逆に、管理職仲間のなかには「プライベートの時間は一切対応せず」を貫いている人もいて、否定するつもりはないのですが、「そこ、徹底する所じゃないでしょ」とつい思ってしまいます。

大事なのは、自分主体ではなく相手主体で考えること。自分は家庭事情で先に帰ってきているけれど、**部下さんたちはまだ仕事をしている場合に、知らん顔で通すのか、相手の気持ちに寄り添うのか？** 私はできる限り後者でいたいです。

ワンポイント

定時以外の対処法、無理ならばもちろんスルーでも仕方ありませんが、可能な範囲でチェックするようにして、より早めにレスポンスすることで、部下さんたちとの信頼関係構築やその後の「自分の積み残し防止」に役立つこともあります。ちなみに、部下さんたちと「急ぎの場合はスマホにチャットをお願い」等、その連絡手段について限定をしておくと、あれもこれもチェックする必要がなく済むので便利です。

36 子供の長期休暇、辛い！

普段の仕事生活に加えて、さらに時間との闘いに追われてしまう時。それは子供の長期休暇の際です。具体的には**夏休み、冬休み、春休み。**

保育園生だとあまりこうした季節ごとの長期休暇スケジュールには影響されませんが、小学生以降は常に悩ましい問題。小学校の時は学童保育が開所してくれているものの、平時だとランチは給食で気にしなくても済むところ、長期休暇は弁当持参。中学生以降だと、朝から子供の留守番状態ですから、ランチや場合によっては夕食も用意して出かけなければならず、帰宅してからは深夜まで台所に立ちっぱなしなこともザラです。

向き合い方▼もうね。ある意味「母親の策略作戦」。子供だけで参加できるキャンプや合宿に申し込んだり、中学生以降はとにかく部活に励んでもらう。周囲には、子供自身で食事を作って食べるという習慣を励行しているご家庭もあって、立派だなぁと感心しきりでしたが、私は甘いのかもしれませんが、1人っ子だったこともあって「1人調理1人食べ」は寂しいだろうなぁと、あえてその方法を子供にはお願いしませんでした。

また、ママ友同士の交流を日頃から深めておいて、お互いに預けたり預かったりということで凌げたことも多々。長期休暇が終わって次の学期が始まった時は心底ホッとしたものです。

ワンポイント

子供の長期休暇は折々必ずやってきて、残念ながら避けて通ることができません。自分1人で頑張ろうとせずに、周囲のイベントやサポートの力を借りて乗り切っていきましょう。

37 いつになったら宿泊出張できる？

管理職として担当するエリアが住まいから通勤できる場所に集中していればよいのですが、なかなかそうもいかないもの。私の場合は東京都内と大阪市内と2拠点を担当することが多くて、東京都内の場合は自宅から通えますが、大阪市内だと出張が必要になります。

「日帰り弾丸」の時もありますが、やはり、1回訪れたならばさまざまな対応をこなしておきたいもの。とはいえ、夫の帰宅時間が遅いことが多く、また、双方の両親や親戚にも距離的な点でサポートしてもらうのが難しい状況だったため、とにかくお迎えが必要な学齢の頃には、1泊でも家を空けることは叶いませんでした。

向き合い方▼宿泊出張、いずれはできる時が来ます。子供が中学生頃になってくると、帰宅時間もそれなりに遅くなって、我が家の場合は、息子が中学受験をして自宅から片道1時間ほどのところに通学していたのと「中高生たるもの、部活に励んでナンボ」というのが夫と私の共通の考えでしたので、入学当初から体育会系の部活に参加していたので、息子が帰宅するのは20時過ぎに及ぶことも。よって、夫が帰るまでに小一時間ほど留守番すれば済む状況となり、晴れて宿泊出張を解禁することができたのです。

ワンポイント

担当エリアの現地でじっくり過ごせることは、管理職の役割としても欠かせないもの。とはいえ、無理矢理に調整して対応したとしても落ち着かない風情で立ち回ってしまうこともありがちで、そんな状況は部下さんたちにとっても好ましいものではありません。

できない時はできない。できるようになったら思いっきり過ごす。そう割り切ればよいのです。

38 夫との分担がうまくいかない時

自分自身の役割としては、妻やら母やら娘やらいろいろありますが、何よりも家庭を共に築いている夫との家事や育児の分担というのも、ワーママとして女性管理職として続けていくのに大事なポイントです。

古くから「妻は夫を支える存在」という役割分担が言い伝えられてきたものですが、**どっちか一方ではなくてお互いに支える存在であってこその夫婦だと私は思っています。**夫との分担がうまくいかない時。または、夫自身が家事や育児を受け持ちたいと思っていても、夫の勤務先ではそうした風土になかったりする時。どうすればよいでしょう?

向き合い方▼仕事も家事も育児もやるって、自分がそういう生き方を選ぶのならば、そのためにはどの点を協力し合っていくのか。結婚する時に最初に話し合っておくのが大切です。おこがましい言い方だったらすみませんが、そうしたことを話し合えるパートナーと過ごしていく、逆に言えば、話し合える相手じゃなければ結婚しない…という考え方も1つ。もちろんそれぞれのご家庭に事情があるでしょうし、一概に「それなら結婚しなければいいのに」などと言うつもりも毛頭ありませんが、自分の気持ちを抑えてなんとか過ごそうとしたところで、うまくいかないもの。

お互いに仕事をしているのだから、家事も育児も、その都度手が空いたほうが受け持てばよいのです。

ちなみに、我が家の場合は夫の帰宅時間が遅い（加えて、出社時間も早い）ことが常でしたので、平日、子供の送り迎えや家に帰ってきてからのケア、家事（主に炊事、洗濯や片付けもの）は私が担当。その代わり、土日祝は夫にほぼ家事も育児も担当してもらって、私はノンビリさせてもらう…そんな繰り返しで切り抜けてくることができました。

34でも触れていますが、夫の実家は商売をしていて、義父母も朝から晩まで店の切り盛りで忙しかった家庭で育っているので「お母さんを助ける」マインドが小さい頃からそなわっていた、と本人は言います。改めて義父母を尊敬するとともに夫にも感謝の思いです。

ワンポイント

職場によっては、「妻が働いていて夫が十分残業もできないなんて…」などという風土が現在も継続されている場合も少なからずあるのかもしれません。

２０２２年４月から段階的に施行されている「改正育児・介護休業法」では、男性の育休について「産後パパ育休」という制度が新設され、また、企業側には男性も育休を取得しやすいような環境の整備や、育休取得率の公表が義務付けられています。

こうした世情の変化が、旧態依然とした企業風土が残っている場合においても風穴となってくれることを今後さらに期待したいです。

39 自分の健康管理にも気を配ろう

役割や時間に追われてしまうがあまり、自分の健康管理をないがしろにしてしまってはいけません。家族の健康や部下さんのケアには一生懸命に尽くそうとするのに、肝心の自分の健康のことが置き去りになってしまう。

私の場合は特に40代頃の時はお恥ずかしながら自分の健康を過信してしまっていて、子供の学校行事役員やら仕事やらいろいろ追われているうちに、気付いたら胃潰瘍に罹ってしまったのです。当時は「胃潰瘍？？？　もう胃切除するしかないのだろうか…」と悲嘆に暮れそうになっていましたが、実際にはそうではありません。有効な薬が色々あって薬物治療で完治可能な場合も多く（もちろん、罹患状況によります）、病気や治療に対して正しい知識も持っていなかったこと、そして、自分の健康にあまりにも無頓着だったことに反省しきりでした。

向き合い方▼仕事人として家庭人として頑張れるのも健康あってこそのこと。**勤務先で実施される年1回の健康診断受診はもちろんのこと、少しでも体調に異変を感じたら躊躇なく病院に行くことをお勧めします。**「胃潰瘍事件」があってからは、かなりこの点に気を付けるようになって、おかげさまで60歳の現在でもほぼ健康上の懸念点なく過ごすことができつつあります。

あと、忘れがちなのが歯の健康管理。やはりある時虫歯がかなりひどくなってしまってから歯科を受診して、医師にかなり叱られました（笑）。以来、数か月ごとの「歯のお掃除（定期検診）」は欠かさず通うことにしていて、やはり現在はまったく虫歯もなく4本もあった親知らずの抜歯もすべて完了です。

ワンポイント

管理職として、親として、自らが健康でなければ人の手本にはなりえないと言っても過言ではありません。健康管理に常に心掛けるようにしましょう。

また、第3章の5無意識バイアス、でも触れた点、女性特有の体調管理について。

ある調査によると、PMS（月経困難症）や更年期症状により昇進を辞退する女性も一定割合となっている…との報告があります。一方で、昨今、「女性専門外来」が展開されつつあり、我が国における性差医療の第一人者である、天野恵子先生が理事長を務める「性差医療情報ネットワーク」のウェブページでは様々な取り組みや受診可能な全国の医療機関が紹介されていますので、参考にしてください。http://www.nahw.or.jp/

仕事人と家庭人 どうバランスを取ればいいの？ まとめ

人間って、1人何役も担うものです。

自分が小学生の頃だって例えば「日直」とか「学級委員」とかありますし、年齢を重ねていくに連れ、また、社会人となって以降さらに役の数が増えていきます。

それに伴ってドンドン時間にも追われていって、てんてこ舞いなことしきり。

世の中に時間術の教えや書があまたあるのも、誰しもどうやりくりすればよいかに悩んでいるからこそ、なのでしょう。

限られた時間のなかで、1人何役もうまくできなくたって当たり前。

できることを1つひとつこなしていく、あちこち手抜きだってOK。なるようになる。気持ちだけでも、ゆったりめを意識しておいてよいのです。

悩みが尽きない時のリフレッシュ法をもっておこう

業績や部下さんの様子や上司からのプレッシャー、家庭との両立…女性管理職、悩みが尽きないですよね。

つねに心の中に抱え続けていたら擦り切れてしまいますから、自分なりのリフレッシュ法をもっておいて、常に心掛けていくことをお勧めします。

私の場合は何よりも「睡眠」。

仕事が終わっても悶々としていると、つい、帰宅後の夜にも引きずってしまいがち。そんな時に思考を一生懸命巡らせようとしてもかえって逆効果になりかねません。

快適な睡眠によって記憶が整理され、脳内メモリがあらたに空き状況となる。脳科学者の言などでよく聞かれます。

仕事やら家庭やら色々悩んでしまっていても、翌朝になったら「あ、そんなに大したことじゃないかも。こうやってみよう」的に、心の曇りが晴れたりアイディアが浮かんでくること。しょっちゅう経験しました。


あとは、休日の過ごし方。

普段の週末ですと、土曜日は出かけて目一杯遊んで、日曜日は家やその周辺でノンビリ過ごす。これも長年やっているルーティンです。

我が家族は旅好きなので、土曜日ともなると近場の観光地にあっちこっち出かけて、季節の風景を楽しんだり、ご当地の名物に舌鼓を打ったり。

まとまった休日には宿泊旅行に出かけて思いっきり羽を伸ばす。


そんな時間を過ごしていると、目の前の悩みなんてちっぽけなことに思えてきて、さてと。仕事また頑張ろう！という意欲が湧いてきます。


どんなことでもかまいません。

ぜひ、あなたならではのリフレッシュ法で心身共の健康を図ってくださいね。

2 子は親の背中を見て育つって本当？

このパートでは、女性管理職として最大の悩みとも言える「仕事と子育て」つまり、ワーキングマザーとしてどう過ごしていけばよいか？　私の経験をもとにお伝えします。

「大変」という一言ではとても語りつくせないほど、もうね、それはそれはアップアップ三昧です。

「子は親の背中を見て育つ」という言葉もありますが、本当にそうなのだろうか？　「お母さんの背中を見ればいいんだから」と自分自身を納得させるために、親が勝手にそう思い込んでいるだけではないのだろうか？

息子が社会人になって以降に、その働く姿を見たり仕事観についての話をする機会が増えてきて、「やっぱり子は親の背中を見て育つんだ」と思えるに至ったのですが（余談ですが、息子が新卒時に就職した業界は、偶然、同じ〝人材ビジネス〟でした）幼少時から学生時代までの渦中の時はとてもじゃないけれど、そんなふうに思えず。何か問題が発生する度に「自分がフルタイム勤務しているせいなのだろうか？」と自責の念にかられそうになることもしばしばでした。

40 成長の節目節目に、何かと問題が起きがち

ワーママになろうとしている部下さんや、ワーママになったばかりで大変そうにしている部下さんに、私がよくアドバイスをしていることがあります。

それは、**「子育ては20年スパンで考えましょう」**ということ。

子供が生まれてから親の手が離れるまで、少なくとも20年はかかるのだから（我が家の場合はもうちょっと長くかかりました）目の前の出来事に一喜一憂せずとも、なが〜い目で見てやっていくのが1番の秘訣。

なぜならば、子供の成長節目節目に何かと問題が起きがちだからです。

例えば、子供が最初の社会生活を送ることとなる保育園入所時。全面的に保育士さんがケアしてくれていた状況から大きく環境が変化する小学校入学時。中学受験の壁、大学受験の壁、就活の壁…枚挙にいとまがありません。

向き合い方▼子供を育てる、ということは、たとえ親子だったとしても自分ではない他人の人生に寄り添うってことですから、**自分自身が成長してきた過程を振り返ってみたって決して順風満帆なことばかりじゃない。**当然いろいろな問題や壁にぶち当たってきて今があります。だから焦らず気負わず親子ともども一緒になって乗り越えていこう。否、「乗り越える」ってしゃちこばらずでも、時が解決してくれる。つまり、子供の成長とともにいつの間にか解決したってことだって少なくないのです。

色々直面していっぱいいっぱいになっている時に、ママ友から教えてもらった書があります。それは『親業―子どもの考える力をのばす親子関係のつくり方』(トマス ゴードン 著)。ママ友がお子さんの問題を抱えてしまった時に、この本で救われたと教えてもらい、私も夢中になって読みました。

特に印象にのこったメッセージが**「子と対立するのではなく受容する」**。何かとガミガミしそうになった時に、この言葉でママ友と同じように私自身も救われたものです。

ワンポイント

問題が起きてしまうと、つい、子供のせいにしてしまったり、「なんでお母さんの言うとおりにしないのよ?」などとコントロールしようとしてしまったり。

親とて決して〝仙人〟じゃなくて人間だから。あっちこっちぶつかりながら〝親業〟をブラッシュアップしていけばよし。

41 保育園入園の壁

各学齢ごとにもう少し詳しくお伝えしていきますね。

まずは「保育園入園の壁」我が息子が保育園生となったのは1歳半くらいの頃でした。それ以前にいっとき専業主婦をしていて、ず〜っと家で息子と過ごしていましたので、いざ保育園に通うこととなってもちろん親も緊張しますが、子供は小さいながらもそれを敏感に感じ取るもの。

保育士さんに預けていざ出社しようとすると、初日は当然、号泣です。「ママーッ」と叫ぶ声に後ろ髪を引かれながら、でも、ここでぐずぐずしていたら遅刻してしまう。親の私も号泣しそうになりながら園を後にします。なんとか仕事開始に漕ぎ着けたものの、息子は無事にやっているのだろうか？　気になって仕方がありません。どうにかこうにか初日を終えた次の日。仕事服に着替えようとしていると息子が傍にやってきて言います、「ママ、こっち」。見ると、小さな手に私が普段家で着ている服が握られているじゃありませんか。切なくて、また、涙があふれてきそうになってしまう。その後しばらくはこんな葛藤の連続です。

向き合い方▼ここで挫けそうになったら後に続きません。親子ともども最初の試練の時ですが、なんのこっちゃない、子供もそのうち慣れてきて、しまいには登園時に友達を見つけたら夢中で遊び始め「ママ、バイバイ」も忘れているやら、迎えに行ったら「ママ、もう来たの？　もうちょっと後でいいのに」と言われる始末。あの時の二人しての涙はなんだったのだろう？　と拍子抜けしてしまいそうになります。本人なりの苦労もいろいろとあったことでしょうが、**子供の順応性とはこんな幼少の子でも高いのだなぁと感心しきりです。**

ワンポイント

保育園生活、その後も色々ありましたが、ある日園長先生にかけてもらった言葉が心の支えになりました。「お母さんは堂々と仕事に行ってください。お母さんが『子供に気の毒だ』と思っていたら、それが必ず伝わって子供がかえって気を遣うだけです。子供はお母さんの背中を見て育つのです」奇しくも「子は親の背中を見て育つ」ということを1番初めに教えてもらった経験でした。

42 小1の壁

ワーママたちが最も苦労するポイントとして語り継がれているのが「**小1の壁**」。

保育園時代は送り迎えさえすれば、あとのケアはすべて保育士さんにお任せでOKでしたが、小学校に入学した途端に子供の自主性が求められます。もちろん、学童保育というシステムはあるものの、保育園とは体制が異なるので、いきなりこの変化に晒されて戸惑うことしきり。昨今では学童保育も必ず保護者が送り迎えする仕組みができているようですが、我が息子が小1となった1999年の頃は、1人で学童に行って1人で帰ってくる必要がありました（授業がある時は校内にある学童施設に移動するだけですが、長期休暇の際は9時からしか学童が開いておらず、また、親が17時までに迎えに来なければ下校させる)。小1といってもまだほんの7歳。子供本人だって不安だらけだろうし、親も同じです。特に、保育園卒園後春休み中は、子供だけのキャンプに参加させたりしてなんとか凌ぐものの、4月1日になったら、いよいよ学童参加開始。何せ入学前ですから友達を作るのもままならず、どうしてよいものやら、何も分かりません。

向き合い方▼当時は「全員が携帯電話を持つ」というご時世ではありませんでしたが、息子が小学校入学の際に私も携帯電話を持つことにして、とにかく家に帰ったらまず私の携帯に電話すること、これを母子の約束にしました。また学童入所前に「1人通学練習」として、休みの日に息子が1人で学校に行って帰ってくるという「シミュレーション」をやってみたり。しかしながら、そうした手立てもいざ始まってみるとあまり即効性もなく。学童開始直後は17時頃に息子から我が携帯に電話が来るものの「ママ〜っ! こわいよぉ〜」。1人でなんとか鍵を開けて帰宅したはいいけれど、誰もいない室内におそらくたじろいでしまったのでしょう。とはいえ、会社から飛んで帰ることもできません。住まいのマンションに同世代のお子さんがいるご家族がいたため、無理言って私が帰るまでの間過ごさせてもらったり、時々は私が早退したり…

とにかく、最初の2週間ほどを乗り越えれば、実はその後はなんとか進んでいくものです。

実際、4月の後半くらいになってくると、学童仲間同士で一緒に帰りながら、途中お互いの家に寄ったり公園で遊んでいたり…。気付くと、私が帰宅する19時くらいまでに電話もかかってこず帰ってきておらず、心配でいても立ってもいられない時に、ママ友から「○○君、うちにいますよ~」と連絡があってヤレヤレってことも。41 保育園入園の壁の際にもお伝えしましたが、子供の順応性には脱帽です。

ワンポイント

可能な限りご近所の方々とのネットワークづくりや、入学したばかりであってもママ友同士の交流に努めるのがオススメ。もちろん自分たちだけ助けてもらうのではなく、お互いに持ちつ持たれつ助け合いの精神でお付き合いをしていくことが、心のよりどころにもなってくれます。

我が親子、頼れる親族が近くにいなかったこともあって、世間様にたくさん助けていただいて今があるといっても過言ではありません。

43 小4の壁

次に「壁」となるのが、「小4」息子が学童保育にお世話になっていた当時は小3までしか利用ができず。**小4になったら、もう選択肢は「鍵っ子生活」オンリーです。**通常の授業期間であれば15時過ぎの帰宅時間になりますが、短縮授業期間や長期休みともなると、ず〜っと1人で家で過ごす羽目に。保育園や学童保育やケアしてもらえる大人がいなくなってしまう初めての日常。子供は「なんとかできる」と健気にも言ってきたりするのですが親としては新たな不安が募ってきます。

向き合い方▼まず、環境面として小学校からできる限り近くに居住地を決めておく。この点もワーママの部下さんたちに私がよく伝えていることなのですが、子供が1人で行って帰って来る距離が短ければ短いほど、親の安心材料も増えます。我が家は途中まで転勤族でしたので、子供が幼少の頃は常に賃貸住宅住まい。逆に、住まい選びに柔軟性を持てるということでもあります。

息子が小学校2年生の時に転居する必要があり、選んだのは小学校から徒歩30秒の団地。しかも、公共の道路を通らず団地内の通路を抜けたら学校に着くという立地でとても助かりました。

一方、放課後の過ごし方として、新たにケアしてもらえる大人の近くで過ごせたら安心だなぁ…と、当初は中学受験をするつもりはほぼなく、単に「学童替わり」的な発想だったのですが、小4から塾に通わせることに。クラスの友人たちが塾通いを始めつつあったため、息子自ら「塾に行きたい」と言い出したのもきっかけでした。

通常授業の時は17時くらいから塾が始まり、19時過ぎに私が迎えに行けば済む。長期休暇の時は朝からの講習期間が設けられていたので、1日のうちところどころを塾で過ごすことができて、何かあったら、塾の先生と連絡やりとりができます。

幸い、友人達とワイワイ塾で過ごすのも楽しかったようで、小6まで塾通いを続けることができました。

ワンポイント

住環境と、近くに大人のいる状況で過ごせる時間の確保。学童保育が終わって以降はこの点が大きなポイントとなりました。

もちろん、住まいの決め方についてはそれぞれのご家庭ごとに状況が異なりますし、我が家は「小学校まで徒歩30秒」という物件に恵まれたのはとてもラッキーでしたが、小4の壁の乗り越え方、ワーママライフを少しでも心穏やかに過ごすためのヒントにしてもらえたら嬉しいです。

あと、どの塾を選ぶか？　という点については、体験学習などを通じて「ここがフィットしそう」という感覚値でOK。中学校への進学実績やら夜間遅くまで学習に専念するスタイルやら、そんなことは二の次でかまいません。

44 中学受験の壁

「学童替わり」で通い始めた塾でしたが、当然、塾側の本来の目的は中学受験のサポート。43小4の壁でもお伝えのとおり、もともとは受験する予定ではなかったものの、親子ともども、せっかく通ってきたならば、中学受験にチャレンジしてみようと思うに至りました。親も勝手なもので**「どうせなら有名校に進学してほしい」**などと邪《よこしま》な期待を描いてしまって、子供本来の能力とはかけ離れたところで志望校を決めてしまいがちです。しかも、子供は親の期待に応えようと懸命に努めてくれているのに、つい、いつもの仕事主体の生活を続けてしまっていた私。

受験期が近づいてきた年末近くになって、子供のストレスがピークに達してしまったのです。

塾に行っているはずの時間に全然別のところで過ごしていたり、学校生活においても、ちょっと気がかりな行動が見受けられるようになったり。この時ばかりは、仕事をしながら中学受験生の親もやるのは無理なのではないか？　受験を止めるか仕事を辞めるか、どちらか選ばなければ…と、かなり悩みました。

向き合い方▼まずは息子に「受験止めてもいいよ」と問いかけてみました。すすると、「ボク、受験する」と、息子。もしかしたらこの期に及んでも親に気を遣ってくれていたのかもしれませんが、それ以上は聞きませんでした。

職場にも事情を説明のうえ、「鍵っ子生活を少しでも緩和するために子供が登校するまでは家にいるようにしたい」とお願いをしたところ、上司が快く時差勤務を認めてくれたことが、とてもありがたかった。

子供の思いと上司のはからい。それぞれに助けられて中学受験生の親として仕事を続けることができました。

また、中学受験の始まる2月1日の週。複数校を受験することが多いですから毎回親の引率が必要です。夫と交代で休暇を取り、途中ようやく1校合格通知を受け取った時はあまりにもホッとしすぎて、その翌日くらいから私自身が発熱して臥せってしまったほど。合格した中学校は息子の志望校とは異なりましたが、「ママ〜！　受かったよ」と仕事中の私に嬉しそうに電話をくれた時は涙が出そうになったことを、20年近く経った今でも鮮明に覚えています。

ワンポイント

中学受験は子供の人生にとって大きなハードルの1つとも言えます。受験する動機やきっかけは様々なれど、せっかくチャレンジしたのならば、1つでも成功体験ができるようなら嬉しい。もし、成功体験が得られなかったとしても次に向けての何かへきっと気付きになるはず。仕事をしながらでも親自身がそんな思いをもってサポートに努めていくとよいでしょう。

ちなみに、我が息子の中学受験体験記、なかなかに苦労の連続でしたが、小学生の時にカリカリ勉強をする癖がついたことで、その後も何かとこの癖が奏功したようです。

45 大学生から社会人への壁

中高一貫校に進学した息子、高校受験の経験はせずに6年間を無事終えて、大学受験は第1志望校に合格することができました。

ヤレヤレ。これで親の任務も完了だわ。ほっと一安心もつかの間。**最後の壁は大学生から社会人になる時に立ちはだかっていたのです。**もしかしたら、他のご家庭では大学生以降はまったく問題なく、その後に社会人としてお子さんを送り出すことも多いのでしょう。

保育園生から高校生に至るまで、ワーママでいっぱいいっぱいの私を気遣うように、ほぼ順調に過ごしてくれていた我が息子でしたが大学生になってからいろいろな壁にぶち当たってしまったようで、就職が内定した後もしばらく続きました。結果、大学を卒業するのに8年間かかったのです。この状況に遭った時に改めて自問自答。私が働いていたからなのだろうか？　何か自分が間違っていたのではないだろうか？　答えは見つかりません。

向き合い方▼大学生になると子供もある意味大人ですから、高校生以前のような「親についていく」といった歩み方ではない。だからこそ、問題に直面した時にどう向き合えばよいのか？　まったく分かりませんでした。先にご紹介した『親業』の本をもう1度読み返してみたり、ネットや書籍で調べてみたり、専門家に相談しに行ってみたり。結果、「子供がいろいろ悩みに直面していたとしても、親が自分の人生を楽しく生きていけばよい」ということに改めて気付きました。

実はこのことが、私が会社員仕事だけではなく、ブログやSNSや書籍を通じて発信することで世の中の役に立ちたい…と思うきっかけにもなったのです。

詳しくは次のパート「3　プライベートの過ごし方オススメ」でお伝えします。

ワンポイント

子供が何かの挫けにぶつかってしまっている時。それが、特に大人になってからの出来事である場合「お母さん、その生き方でいいの？」と親に対して何かしらのサインを発してくれているのかもしれない。これはあるカウンセラーの先生から教えてもらったことです。すべてが同じではないかもしれませんが、私が子育てにおいて最後に直面した壁はまさにそんな体験でした。

子は親の背中を見て育つって本当？ まとめ

赤ちゃんの時から社会人になるまで。子育ての旅とは本当に長いもの。冒頭でもお伝えしたとおり、とにかく目の前の出来事に一喜一憂せずに焦らずに。親も自分の人生を１歩１歩踏み固めていきつつ子供の成長に寄り添えばよいのです。

手前味噌ですみませんが、息子が社会人になってから「お母さん、すげーな」とよく言葉をかけてくれるようになりました。

上司は部下さんに育ててもらう、と、管理職仕事を通じて実感していますが、同様に、親は子供に育ててもらえる存在でもあるのですよね。

3

プライベートの過ごし方オススメ――仕事、家庭以外のライフワークを持つ

子供が学校を卒業するまでの間（特に高校生くらいまで）は仕事も家事も育児もめいっぱい、ひたすら駆け抜けてしまうもの。その時期は全然それでかまいませんが、子育てが一段落してくると、ふと、「このままでいいのだろうか？」と不安が押し寄せてくることがあります。

そんな時のプライベートの過ごし方オススメは、仕事・家庭以外のライフワークを持つこと。このパートでは、そのために実際私が取り組んでみたことを紹介します。

46 「時間が足りなさすぎる」→「時間に余裕が出てきた」

子育て真っ最中の時はもう、それはそれは「時間が足りなさすぎる」で毎日があっという間に過ぎていきます。ただし、ず〜っとその状態が続くということではなく、特に子供が高校を卒業してからは「時間に余裕が出てきた」という変化の時が訪れる。我が家の場合は息子が大学2年生の頃から1人暮らしを始めたため**「時間って、こんなにたっぷりあったんだ！」**とビックリするほどの余裕を実感したものです。

一方、「**空の巣症候群**」と巷間言われるように、なんだか空虚感にさいなまれてしまって、無駄に仕事のことを考えていたりパソコンをチェックしたり、テレビをダラダラ眺めているうちに、いつの間にか就寝時間になってしまいます。こんな過ごし方を続けていていてよいのでしょうか？

向き合い方▼時間が空いたからといって、帰宅してまで無理に仕事のことを考える必要もないですし、テレビを見るのも楽しみとして否定しなくてもかまいませんが、何か打ち込めるものを探してみるとよいでしょう。

余談ですが、私は社会人になるまでは音楽活動（バンド）にかなりのめりこんでいて、仲間のうちの何人かはプロのミュージシャンになったほどの充実ぶりでした。なので、それが「趣味」の1番大きなものだったのですが、社会人になってからはすっかり遠ざかり、得意だったピアノもほとんど弾かず。残念ながら最近は鍵盤に向かおうとしても指がすくんでしまう始末。あれほどまでに打ち込んでいたのに、いったん手放してしまうとまたその状態に戻るのは困難です。せっかくならば、数十年ぶりに再開してみようと考えてみたところで、まったくやる気が湧いてきません。音楽が好きなことにもちろん変わりはないですから、ライブを見に行ったり好きなCDに聞き入ったりはしますが、それもほんの一時のこと。

1人で何かに打ち込もうとしても、なかなか「ライフワーク」と呼べるものに出会うことが叶いません。それからいろいろ試行錯誤の後に「会社以外のコミュニティ」を見つけて、そこで学んだことをもとにこうして本を書く機会にも恵まれたのです。（詳しくは次の項47でお伝えします。）

ワンポイント

女性管理職が時間に余裕が出てきた時に。もちろん懸命にやってきた仕事があるからこそ今の自分があるのですが、それだけをずっとやり続けるのではなく「仕事と同じように情熱をもって打ち込めて継続性があるもの」を仕事以外で見つけると、残りの人生もさらに楽しく過ごせるようになります。会社の業績とは違って「自分だけで作り上げていける新たな成果」につながるものであれば、なおさらです。

47 所属する場所、会社だけでいいの？

会社員として組織に属していることは当然。加えて、家庭も大事な居場所ですし、たまには友人達と会ってストレス解消をすることもできるでしょう。ただ、自分が所属する場所って、それだけでいいのだろうか？　特に定年が近づいてくるにつれ、漠然とそんな不安を抱くようになりました。

平日は会社で過ごす時間が1日の大半を占めますから、もちろん「主戦場」であることに変わりはないし、定年後も再雇用で勤務継続する気満々でしたので、定年になったからといって、いきなりその場がなくなるわけでもありません。ただ、不安の正体が具体的に何か、はっきりとは分からないのですが、とにかくモヤモヤとし始めてしまったのです。

向き合い方▼会社以外にまだこれから出会える人たち、今までやってきたこととは別の何かを新たに学べる環境…などなど。世界というのはいくらでも広がっているもの。せっかく時間ができたのならば、そうしたチャレンジをしてみてはどうでしょうか？

私の場合、モヤモヤを感じるようになってからしばらくして、50代中間くらいになって複数の困難に遭遇してしまい（会社の突然の組織再編で、自分が統括していた事業の閉鎖と、社会人を目の前にしてそれまでほぼ病気知らずだった息子の体調不良）もうどうしていいのやら。途方に暮れそうになって、仕事もプライベートもある意味八方塞がりです。

最初から「会社以外のコミュニティに出会いにいこう」と気付いていたのではなかったのでしたが、ある出来事がきっかけになりました。

悩みの解決策を見つけたくてネットを検索しまくって、一筋の光が見つかったのです。その「光」とは、私が師と仰ぐ、精神科医・作家の樺沢紫苑先生（以下、樺沢先生）。ベストセラー作家として多数の名著を世に送り出しているとともに、視聴者の悩みや質問に一問一答形式で答えてくれるＹｏｕＴｕｂｅ「樺チャンネル」は登録者数42万フォロワー（２０２３年3月現在）と大人気番組。悩んでいることをキーワードにして検索でヒットしたのが「樺チャンネル」でした。

いくつもの動画を夢中になって視聴するうちに、この人のもとで学びたいとの思いが募り、樺沢先生が主催している、情報発信者のための学びコミュニティ「ウェブ心理塾」に参加を決めました。

当時の私はブログはおろか、ＳＮＳも何一つやっていなかった「情報発信原人」（笑）。しかし、コミュニティで定期的に開催されるセミナーで多くのことを教えてもらい、志を同じくする仲間たち（起業家や個人事業主もいれば、私のように会社員だけれど何か新たなことにもチャレンジしようとしている、多種多様なメンバーが参加しています）と出会って、そして会社仕事以外の生涯目標「**情報発信して世の中の役に立つ**」を見つけたのです。

樺沢先生と出会わなければ、私はブログを始めることも、こうして著者を目指そうとすることも、まったくありえなかった。会社の上司とは別に、ライフワークの上司（恩師）として尊敬しています。

ワンポイント

会社仕事以外、特に学びの場所を得ることで、個人として長く取り組める目標を見つけることができる。世の中にそうした場所が数多あるから、選ぶのに困ることもあるでしょうが、「自分の悩みを解決してくれそうだ」という点から探したことで、かけがえのない何よりの場所に出会いました。

48 副業やボランティアも選択肢

一方、「副業」の推奨が取り上げられるようになって久しいですが、書店に行くと、実践に向けての様々なノウハウ本が勢ぞろいしていて、周辺でもその道を志そうとしている知り合いをよく見かけるようになりました。

「ライフワーク」と一言で表そうとしたところで、何をターゲットにすればよいのでしょう？

向き合い方▼副業のように収入を伴うものである場合と、それ以外だと、例えばボランティアなど、社会貢献活動を目指していくという選択肢もあるでしょう。自分が打ち込むためのポイントは、副収入なのかやりがいなのか、はたまたその両方なのか？　もちろん、副業が可能かどうかは各勤務先の規定にも基づきますし、世の中的に「副業を解禁しましょう」などと号令がかかったところで、企業側からすれば、そのために就業規則を変更したり多々手続きを経ての実現となります。いずれにしても、自分の立場や勤務先の規則を踏まえて出来得ること。無理にあれこれやろうとしたところでうまくいくものではありません。

ワンポイント

ネガティブな言い方ですみませんが「副業万歳！」みたいな風潮は同意しかねます。なぜならば、それがすべてではないからです。

人によって志すこと・志せること、は異なります。本業以外に何かを加えて充実していきたい時に、それが必ずしも副業である必要もありません。何をどう実現していけばよいか自分で取捨選択すればよいのです。

プライベートの過ごし方オススメ まとめ

キャリア形成や親業を推し進めている渦中では、自分だけのプライベートの充実には、なかなか気付けないもの、私自身もそうでした。

でもね。人生は長い。

色々な引き出しがあればあるほど、どれかひとつが閉鎖してしまったとしても、次の引き出しを使えばＯＫ。

年齢を追ってからでの取り組みでも全然間に合いますから、ぜひ「引き出し増やし活動」を楽しんでみてください。

第４章まとめ

- □ 仕事と家事育児とのバランス。その時々の状況や子供の成長過程によって塩梅を変えていけばよい。
- □ 無理を重ねて体調を崩してしまっては元も子もないから、自分の健康管理にも気を配ろう。
- □ ワーキングマザー、いっぱいいっぱいになってしまっていても、親がイキイキと人生を過ごすことが、子供にとって一番。

第 5 章

女性管理職の悩みあるある 生き方編

ここまで、職場やプライベートでの「悩みあるある」を綴ってきました。

それぞれのシーンに加えて、この章では「女性管理職の生き方そのもの」に切り込んでいくことにします。

1 キャリア継続の悩み

49 ライフイベントでキャリアが途切れ途切れになる

私の場合は、ライフイベント（結婚、夫の転勤、出産）に伴って、途中に再就職をしたり転職をしたりの「ツギハギだらけ」のキャリアなのですが、同じ勤務先で継続就業していて、結婚、出産というライフイベントに遭遇するという状況もあるでしょう。独身の頃にコツコツ積み上げたキャリアが、仕事人だけじゃなくて家庭人としての立場も加わったことで、途切れ途切れになってしまう。「**マミートラック**（子どもを持ち働く女性が仕事と子育ての両立はできるものの、昇進や昇格には縁遠いキャリアコースに乗ってしまうこと）」なる言葉も取り沙汰されて、「なにそれ？　コースアウトってこと？」と、そんな悔しさと戦うことにもなってしまいます。

向き合い方▼途切れ途切れだって、ツギハギだらけだって、**とにかく「続けていくこと」が大事。**他人が勝手にコースアウトとかマミートラックなどと決めることじゃなくて、自分が「コース選びの主人公」になればよいのです。時には沿道を走る必要だってあるでしょう。もちろん、職場の理解も重要ですが、何より自分の強い意志で、メイン道路に戻るのを諦めないことです。

私の場合はツギハギ三昧を経験したことで逆に根性が据わって、ある意味反骨心の塊みたいな志が芽生えました。子育てしながら仕事するのって大変だから。でも、やり切ってみる！　もしかしたら息子にとっては迷惑だったのかもしれませんが（笑）「一心岩をも通す」の精神です。

また、**上司としては、そんな志を持つ部下さんがいるようならば、思いをしっかり受け止めることも大事。**外野の雑音を跳ね除けて「この部下さんにさらに成長を遂げてもらうためには？」ということを、自分の経験も伝えつつ周囲を巻き込んでいくように心がけてきました。

ワンポイント

長い人生の階段、ところどころで「踊り場」に遭遇するもの。ず～っと上り詰めるような歩み方がすべてではありません。踊り場を1つずつこなしてこそ、人としての魅力も増すのだから。そんな考え方もあります。

50 突然異動を言い渡される

ここまでのいくつかの箇所で「異動」にまつわる話に触れさせてもらいまし

た。あらためてお伝えしますと、会社員には異動がつきもので、しかも、管理職の場合は特に、ポジションのやり繰り事情が伴うため、突然言い渡されることも多いのです。

今の勤務先で18年管理職をやっている私ですが、経営陣ではありませんので、「管理職の配置」については、受け身の立場。直属の上司から「いくみさん、次、ここお願いします」と言われたことが、これまでに4回くらいありました。おそらくその上司のまたその上司の色々な意向があってのことでしょう。

頭では理解しているつもりでも、実際に突然「あっちいけこっちいけ」された側からすればたまりません。

向き合い方▼異動というのは業務指示ですから「嫌です」という訳にもいかず。私の場合は1つの事業を10年以上担当させてもらってから、その後に立て続けに異動が発生したので、最初の異動についてはなかなか心がついていけませんでした。受け入れ難いといっても過言じゃない。当時の上司からは「いくみさんの成長のためにも、新しいチャレンジをどうぞ」みたいな「枕詞」がありましたが、ふん！　何言ってんのよ？　余計なお世話だわ。長年情熱を注いできたかけがえのない事業や愛する部下さんたちから離れなければならないことは、悔しい気持ちでいっぱいでした。

しかし。今思い返してみると、**ずっと同じところにいて快適なままではきっと、私はそれ以上に物事を吸収することができなかっただろう。**上司が「成長のために」と言っていたこと（おそらく「リップサービス」的に、かもしれませんが）を、不本意でもやってみたら、実際、新たな気付きがあった。なんだか癪な思いもあるけれど（笑）ご指示のおかげです〜と心の中で上司に返しておきました。

ちなみに、逆の立場で部下さんに異動を言い渡す時には。その経緯やら背景やら上司の本音やら。包み隠さず伝えることを怠らないようにと心掛けています。

ワンポイント

異動指示、特に、それが突然だと、相当心が折れますよね。

「自分がこれまで培ってきたコンフォートゾーン（快適領域）から、一歩踏み出す機会」って捉えるとよいと思います。

51 管理職ポジションは約束されたものではない

前項の「異動」の件にも通じますが、管理職ポジションは会社から役割付与されたものではあるものの、絶対に約束されたものではありません。

「異動」と一言で言っても、そのまま職位継続となることも多いですが、例えば業績がふるわなかった時など、容赦なく管理職の責任を問い質され、ポジションチェンジの指示もありえます。

向き合い方▼管理職は一般職と比してより多くの責任を受け持ちますから、それが果たせなかったならば、職位変更を止む無く受け入れる必要もあるでしょう。ただし、各企業には「人事制度」という定めがあって、みだりに社員の職位を変更できない仕組みが保たれているもの。その定めに沿っての自分の処遇変更が必要なのならば、受け入れて次に向かっていけばよいでしょう。

ワンポイント

管理職ポジション、という点だけでなく、世の中に「これが絶対」と約束されたことは何一つない。とにかく「今、ここ」で、その時の自分に精一杯できることをやるのみです。

52 転職したら悩みが解決する？

組織変更やら配置転換やらがいろいろと発生して、自分のやりたい方向とズレが生じると感じた時に、「この会社でこれからもずっとやっていけるのだろうか？」と壁にぶち当たることもありがち。続けるのか場を切り替えるのか？頭の中に「転職」の二文字が去来します。果たして、転職すれば悩みが解決するのでしょうか？

向き合い方▼どの会社で勤務するか？　という点において重要だと私が考えているポイントが2つあります。

①会社が目指していることや事業ミッションに共感ができる

②個人の属性（例えば、性別やら年齢、家族のありなしやら、学歴やら）にかかわらず、**どの社員に対しても等しくチャンスが与えられている**

もちろん、働くということは報酬を得ることですから、より多くの報酬を得られるに越したことはありませんし、また、尊敬できる上司がいるかどうか？という点も気になることでしょう。

転換にさらされたとしても、この2つが揺るぎない限りは続ける。それが私が今の勤務先で20年やってきてこれからも続けていこうという大きな理由。

報酬規程はずっと同じとは限りませんし、会社の業績によって変化する側面も持ち合わせています。求人情報などを見て「他社の報酬が自社のより上回っているから」と、その点をメインに転職を決める場合もあるでしょうが「金額」にターゲットにしてしまうと、規程がもし変わってしまったらさらに次、またさらにその次、と職場をどんどんチェンジしていく羽目になりかねません。

尊敬できる上司の存在にしても然り。私がこれまで仕事をしてきて、最も尊敬できる上司がいて、その元で働いていた時は職場全体が活気にあふれ実り多き毎日。会社に行くのが楽しくて仕方ありませんでした。勤務先の創成期の頃から活躍していた人で、これからもずっと付いていきたいと思っていたところ、残念ながらその数年後に退職（転職）してしまったのです。その時の喪失感といったら半端ない。「いっそのこと自分も辞めてしまおうか？」そんな思いにも駆られそうになりましたが、ふと冷静になって気付いたのです。

「制度」や「上司」に拘るのではなく、「信念」に拘ろう。

自分でポイントだと考えることが、勤務している会社の特徴と合致している限り、いろいろあったとしても、なんとか乗り切っていける。

一方、事業ミッションと相違が出てきてしまったのなら、もちろん転職を選択することもやぶさかではありません。

ワンポイント

「悩みは転職で解決できる?」と単純に考えないで、自分の信念と企業風土が合っているか? ということで進路を定めていくとよいでしょう。隣の芝生は青く見えるもの。一時の衝動や表面的なことだけで決めないことをお勧めします。

53 他社からスカウト(ヘッドハンティング)されたら?

転職を考えるもう1つのきっかけとして、主に同業他社からのスカウト(ヘッドハンティング)を受けるケースもあります。私自身は経験がありませんが、身近な同僚や管理職の先輩が、そうした経緯で転職していくのを、何度か見受けました。

その人の働きぶりを直接または間接でもキャッチアップして「ぜひわが社に」と考えてくれたとは、本人にとって名誉なことかもしれません。当然、好条件を用意してくれているだろうけれど、誘いを受けたら悩みますよね。

向き合い方▼こうした話の際に、実際に転職する人と現職に留まる人、決断はそれぞれです。

前者は例えば、現職に多少なりとも不安感を抱いていて、自分をさらに高く評価してくれるフィールドにチャレンジしようと決意する場合。

後者は例えば、好条件や評価は嬉しいと思うものの、まだ現職でやりたいことが残っている。言い換えると、現職を続けることに迷いがない場合。

いずれにしても「自分の管理職道」にとって何が大切なのかを軸に据えて選択することになります。転職するか留まるのか？　それぞれ思いつく限りのポイントをどんどん紙に書き出してみてもかまいません。

人に相談するのもひとつですが、結局決めるのは自分なのです。

ただし「立つ鳥後を濁さず」と諺にもあるとおり、引継ぎはもちろんのこと、残される部下さんたちへのできる限りの配慮を忘れないようにしましょう。

「もう、去るのだから関係ない」と開き直ろうとするのはご法度。必ずどこかで「ツケ」回ってくるものですし、特に同業他社の場合は「世間は狭い」（前職での振る舞いが社内外問わず伝わってしまいがち）ということがままあります。

余談ですが、以前、管理職候補であった部下さんを取引先に引き抜かれてしまったことがありました。もちろん、本人の職業選択の自由ですから、どうこう言える立場ではありませんが、先方の担当者につい、お小言を伝えてしまいます。「優秀な人材の喪失、困るんですよね」すると、返ってきた言葉に驚愕！**「優秀な人材を引き留めておけない、おたくの会社に非があるんじゃないの？」**

なんたる失礼な発言、怒り心頭ですが、冷静に考えてみるとまぁ、確かにそれも一理あると認めざるをえません。転職するのが当たり前な世情ですから、ずっと自社にいるわけじゃないというのは分かっていますが、**部下さんが「去りたくない」と思ってくれる組織作り**が大切。転職をする側としてではなく、されるる側として、改めて心したものです。

ワンポイント

スカウトで転職した知り合いが「聞いていた話と違う、こんなはずじゃなかった。元の会社に戻りたくなってくる」とこぼしていたのを耳にしたこともあります。世の中、うまい話ばかりではない。特に同業他社からの引き抜きの場合は、その人自身を迎え入れたいのではなく、実はその人が持っている情報を迎え入れたい…ということも、もしかしたらあるかもしれない。進路を決断する際はとにかく冷静になって熟考のうえ対処することも大事です。

54 起業の道を選んだら自由になれる?

仕事を頑張ってきたけれど、どこか行き詰まりを感じたり限界を感じたり。そんなこともあります。会社員ですから当然、自分の意のままに物事がすべて動いていくわけではありませんし、決められたこと、指示されたことに時として違和感を抱いたりすると「もっと自由に伸び伸びとやりたいなぁ」という思いがひしひしと押し寄せてきます。

こうした思いを解消するには起業の道を選んだらよいのでしょうか？

向き合い方▼昨今、世の中にはたくさんの「起業ノウハウ本」やそのための学びコミュニティが存在していて「好きなことをして生きよう」的な号令がかかっている風潮もあります。

では、「自分は会社員が嫌いなのか？」と自問自答してみると、好きなのです。だからこそ37年やってきたのであって、嫌いなことをイヤイヤ続けているのではありません。

自身で牙城を築き上げて自由に采配をふるっていく、起業家の生き方に憧れは抱きますが、たぶん自分には向いていない。才能がないとも言えます（とはいえ、起業してみたい…と悩んでいた時期もあって、後の57で書いています）。私とは逆に「会社員には向いていない」という人だっているでしょうから、それぞれの道でやっていけばよく、仮に違う道に進んだからといって、今よりもっと自由になれるという保証もありません。むしろ、起業のほうがより厳しい状況が待っているということも、あるのではないでしょうか。

行きづまった時にそうしたことを反芻してみて、それでも会社員を辞めて起業家になりたいと思うのなら、そうすればよいし、違うなと思うのなら会社員を続ければよい。

改めて考え直してみると、管理職になったら結構自由度が増すという感覚が持てた…ということを思い出しました。自分で判断することや采配をふるうことが増えるから、というのがその理由。人の自由をうらやましいと思う前に、自分の自由はどこにあるのだろうか？　と実感することも大事です。

ちなみに**「会社員だと好きなことをして生きられない」と短絡的に述べるような論調には疑念を禁じ得ません。**人によって「好きなこと」というのは千差万別ですから「会社員だから」「起業しているから」などと2択で決めるようなことではありませんし、面白おかしく「社畜」のような呼称でまとめちゃうのってどうなのよ？　と、つい反論したくなってしまいます。

キャリア継続の悩み まとめ

1つのことを長年続けるって、なかなか骨の折れるもの。もちろん、楽しいこともありますが、途中途中で様々な挫けや邪（よこしま）な思いや誘惑や、いろんなハードルが待ち受けています。

ありきたりな言い方になって申し訳ありませんが、継続は力なり、です。

ハードルをその都度1つひとつ飛び越えていきつつ進んでいけばよいし、コース変更するのもアリ。2、3個前のハードルに戻ってまた飛び直したってかまいません。

自分が目指していることを貫いていく、それが、大きな財産になるものです。

2 生き方の悩み

女性管理職として、マインドやらコミュニケーションやらビジネススキルやら、家事や子育てやら…さんざん頑張ってきたけれど。人生も後半に差し掛かってくると、そもそもこの生き方でいいのだろうか？　えもいわれぬ不安感に苛まれることがあります。

私の場合は、「1　キャリア継続の悩み」でもお伝えしたとおり、突然の組織再編と子供の不調が重なって、しかも気付いたら「定年」という会社員にとってはある意味最も大きな壁が待ち構えていて、生き方そのものを改めて考える機会になりました。

「人生100年時代」と言われるようになってきて、50歳だったらまだ半分。残り半分をさらに充実したものにするには？

このパートでは人生後半戦に課題として直面することについて、お伝えしていきます。

55 燃え尽きそうになったら

管理職を続けてきて自分なりに「あるべき姿」も確立できつつあるなぁと実感できたのが、管理職として10年経った頃。40歳から現勤務先に入社した私ですから、その時すでに年齢は50歳を超えていました。ずっと走りっぱなしでやってきて、何歳だろうがおかまいなしに若いつもりでいようとしても、なんだか急に燃え尽きそうになってしまうのです。

すると、気力体力もどこか自信が持てなくなってしまったり（実際に病気に罹ったりもしました）、大袈裟かもしれませんが、「このまま朽ち果ててしまうのではないか？」と悶々とした日々です。

向き合い方▼せっかく頑張ってきたのに、高齢に差しかかってきたからといって、脇にそれるのなんて悔しいから！

解決のためのキーフレーズは「**V字回復を目指していきましょう**」。燃え尽きそうになってしまうことは、多かれ少なかれ誰にでも訪れるもの。その時を底にするとして、また、改めて上昇していけばよし。勤務先によっては50代半ばで「役職定年」といった制度の場合もあるでしょうが、もしかしたら自分の専門性を受け入れてくれる別のフィールドが見つかるかもしれませんし、私のように定年再雇用でもさらなるチャレンジができることだってあるから。ネバーギブアップ。

ワンポイント

「燃え尽きそう」という状態は、周囲との戦いではなく、自分との戦い。火を消すのか燃やし続けるのか、はたまたいったん鎮火だけれど再燃させるのか？　自分次第でいかようにもできます。

56 経済的な充足って何だろう？

「働く」ということは「収入を得る」ということでもあります。シニア世代に差しかかってくるにつれ、それまで企業の正社員として固定収入を確保していたことが「当たり前」ではなくなってきて、さりとて「年金収入」に頼ろうとしたところで、昨今の年金事情を考えるに無理なもの。定年後の資産形成をガイドする書籍も多数出回るようになってきましたが、「そもそも、経済的な充足って何だろう？」還暦を迎えて改めて考えるようになりました。

向き合い方▼長年固定収入の生活を送ってきましたから、定年になって、「ノンビリしたい」などと考えたところで、いきなりその固定収入が途絶えてしまうのは心許なさすぎ。補足しますと、収入そのものだけでなく、企業の健康保険は国民健康保険に比べてのメリットも様々あるもの。

定年再雇用の制度はそれぞれの企業によって条件も異なるでしょうが、継続することで、少なくともある一定の経済的充足を得られる。実際に自分がその選択をしたことで実感しています。

さらに、改正高年齢者雇用安定法（２０２１年4月1日施行）により、65歳までの雇用確保が義務付けられたことに加え、65歳から70歳までの就業機会の確保が努力義務となり、高年齢者就業確保措置を講じることが企業に求められるようになった点も追い風です。

ワンポイント

たかが会社員、されど会社員。

定年再雇用での固定収入継続（もちろん、正社員時とまったく同額とはならないことが多いですが）には安心感があります。ただし「会社にぶら下がっている」といったスタンスはご法度。あくまでも懸命に業務に従事することが大前提なのは言わずもがなです。

加えて、健康であることも必須条件。経済的な充足とは健康あってこそのもの。病気に罹ってしまっては元も子もないですから、そのための自己管理もより気を配るようにしましょう。

57 定年退職の道を選ぶか否か？

経済的充足は大きなポイントとなりますが、そもそも、定年退職の道を選ぶか否か？　悩みが尽きないもの。

実は私、正直に申しますと、ある時点まで「定年退職してその後は起業にチャレンジしたい」と考えていた時があります。「起業」といっても何か明確なビジネス目標を描いていたのではなく、「何となく何かしらやってみたい…」的なかなりお粗末な発想。「管理職ずっとやってきたから、もういいかな～新しい別の楽園ってあるのかな～」と、お恥ずかしながら「ないものねだり症候群」みたいなもので、自分には起業家の才能がないだろう…と自覚はしていたのですが、50代後半の頃にふとそんな気持ちが一定期間芽生えていました。

向き合い方▼実際に定年退職するか再雇用を選ぶか？　決める時期が刻々と近づいてきた時に、56でもお伝えした「経済的充足」も大事でしたし、この時点では「起業したいという妄想」がまったく根拠も現実性もないことに気付きました。かつ、定年1年前から新たな事業を受け持つことになってやりがいが再燃していたことも「再雇用を迷わず選択する」ポイントともなったのです。せっかく手がけたことを中途半端に放り出すのは私の信念にもとる。**このまま走り続けようと決意した時は、なんだか肩の荷が下りた**ような気持ちになりました。

一方、同僚のことについても紹介させてもらいます。我が勤務先で共に苦労を分かち合ってきた盟友がいて、偶然入社年月もほぼ同じならば年齢も同じ途中で部署が分かれてしまったため、ここ数年かなりご無沙汰していましたが、たまにバッタリ廊下ですれ違ってはお互いに励まし合う間柄でした。その彼から最近になって久しぶりにメールが飛んできて、そこに書かれてあったことにビックリ。「定年を迎えることになって、私は会社を卒業することにしました。退職した後は孫育てのサポートや趣味のスポーツを楽しもうと計画しています」業務の最前線で管理職としてずっと頑張ってきた人だから、当然これからも活躍を続けていくのだろうと思っていたからです。

その頃には私自身、定年再雇用を決意したきっかけだった「新たな事業」からまたさらに異動が発生していて、やや悶々としていた時期でもあったため、彼の去り方が爽やかな風をもたらしてくれました。

「**人それぞれに人生の選択がある。悩んでいないで自分の選択を粛々とやっていこう**」改めて気持ちを整える出来事ともなったのです。「持つべきものは友」といいますが、盟友の第2の人生がさらに輝いているものであることを願ってやみません。

ワンポイント

定年退職を選ぶか、再雇用を選ぶか。それぞれの選択肢があって悩む時に、各道を選んだ後は具体的にどう行動していくのか？　実現性が確かなものなのか？　経済的な基盤は？　家族との過ごし方は？…など思いつく項目を書き出してシミュレーションしてみましょう。もちろん、私のように「今の勤務先でまだやり続けることがある」と考える場合は後者を選べばよいのです。

58 管理職を全うしてその先はどうなる？

定年退職でも再雇用でも、管理職を全うしてその先はどうなるのだろう？　再雇用になったところで、当然いつまでもそれが持続するわけではなくて、いつか必ず会社員人生に幕引きする時がやってきます。収入の点でももちろん不安はありますが、過ごし方の目標：何をやりがいとしていけばいいのでしょうか。

向き合い方▼企業人の最大の使命は会社から与えられた役割を果たすことですが、**積み上げてきた経験やスキルは1人ずつの大きな財産。**特に管理職として向き合ってきて乗り越えたことは「その人の人生そのものである」と言っても過言ではありません。せっかく長年かけて培ったことだから、「役割を果たす」というスタンスから「得たことを人に伝える、人に教える」ということを志してみるのも一案です。

第4章の47でもお伝えしましたとおり、私は「情報発信をして世の中の役に立ちたい」という生涯目標を持っていて、学びのコミュニティで得たことをもとに、こうして本を書くことができるに至りましたが、それもそもそも**「得たことを人に伝える、人に教える」（発信して世の中の役に立つ）ことの実現が出発点**ともなっているのです。会社勤務をしている時に「管理職のための講座」のような仕事を受け持つ機会があればよいのですが、残念ながらなかなかそうしたタスクというのは、実務とはフィットしづらいもの。

あなたのその経験、積み上げた財産が、きっとどこかの誰かの役に立つものであることは間違いありませんから、ぜひ情報発信していきませんか？

方法はいろいろあるけれど、いちばん手っ取り早いのはSNSの活用です。Twitter や Instagram は実名でなくてもかまいませんし、各ツールを使いこなしてフォロワーを増やしていくためには様々な工夫やコツ、持続性も必要ですが、自分が発信したことに見知らぬ誰かが反応してくれたり返信をくれたりすると、とてもやりがいになるもの。

SNS未経験であったり、経験していても「今日の私の出来事」みたいな発信に終始してしまっている場合は、ぜひ活用法を試してみてください。そのためのノウハウは達人たちが無料の媒体でネット上にシェアしてくれていたり、もちろん書籍もありますので、自分に合ったものを選ぶとよいでしょう。また、自らの経験を体系化しつつまとまった情報を蓄積・提供していくのには単体のSNSではなく、ブログがおススメ。使い方によっては収益化に結びつけることも可能です。

それ以外に「ストアカ」「ココナラ」など、ネット上のスキルシェアサイトを介して「教える仕事」を開設、こちらも副収入へと発展させていくのも手かもしれません。私はブログを2017年に開設していますが、「スキルシェアサイト」はまだ未経験なので、今後はぜひ取り組んでいきたいと考えています。

ワンポイント

年齢が高いということは、それだけ経験してきたことが多いということです。

膨大な情報量を持っていると言い換えることもできます。会社員人生の終幕となりつつある時に、次の使命を「伝える、教える」という点にシフトして、さらなるやりがいを追求していく。ネットが発達しているこの時代だからこそ可能なチャレンジです。ただし、ブログもスキルシェアサイトも収益化するためには様々なノウハウや研鑽が必要ですし、その人ならではの強みをしっかり発揮して差別化を図っていかないことには、読者もお客さんもついてきてくれませんから難しさも当然あるでしょう。とはいえ、せっかくのツール、利用しない手はありません。

生き方の悩み まとめ

正社員での定年、多くの企業では「60歳」と定めています。もちろん人生がそこで終わるわけでもなんでもなく、単なる通過点の1つに過ぎないですが、それまでの「経験を積み上げる」ということばかりではなく、「経験を還元していくフェーズ」という点も意識してみるとよい。

自分の背中には多くの「人生の後輩さん」たちがいて、彼らに何かの役に立ててもらえる、そんな存在を目指していくこと。なんだかワクワクしてきませんか？

第5章まとめ

□ 継続していくためには、山あり谷あり大変なことも多い。やり方やあり方は折々に変化してかまわないから、目指していくことをひたすら貫くことでよい。

□ 人生後半に差しかかってきて、会社員としての定年が間近になったとしても、まだまだ時間があるから。さらにどうやって楽しんでいくか方法はいろいろある。

□ 長年の自分のキャリアや経験はきっと、どこかの誰かに役立ててもらえるだろうから、それまでの「積む」目標から「伝える」目標に切り替えていくのもよい。

第6章

人生100年時代、生涯イキイキと過ごすことが長寿の秘訣

仕事を通じて生きがい、やりがいを追求していくこと。仕事以外のことでも打ち込めるものを持つこと。キャリアを積んでいく過程でどちらかに比重が置かれる状況の変化はありますが、共通しているのは「**生涯をイキイキと過ごすこと**」。それが長寿の秘訣でもある、とも言えます。「人生１００年時代」と取り沙汰されるようになってきて久しいですが、実際自分も60歳になった時、「まだ残り40年ある！　言い換えれば、まだ5分の3に過ぎない」と思えたものです。「女性管理職の悩みあるある」の締めくくりとして、この章では「生涯イキイキ」に焦点をあててお伝えすることにします。

59 わざわざ難しいことにチャレンジする？

管理職を目指したい。社会人になった時からそう志を持っていたものの、ふとした時に「わざわざ難しいことにチャレンジしなくたってよいのではないかしら？」などと、つい心が揺らいでしまうこともありました。もちろん、程よい箇所に留まってずっとそれを維持していくことだって、1つの生き方です。

それでも気付くと、チャレンジしてさらに前に進んでいる。難しいこともなんとか乗り越えようとしている。それってどうなんだろう？　いいことなのかそうでないのか、時々分からなくなってきます。

向き合い方▼自分にとって難しいことにチャレンジするためには、色々思考や工夫をこらしたり、もちろん周りを説得したり協調したり、会社の仲間だけでなく家族など、他力を貸してもらうことも必要ですから、骨が折れる点も多々あります。ですが、**やらなかったら得られなかったこと、やったからこそ得られたことって大きい。**「自分ができるのはここまで」と決めつけないでよくって、とにかく行動する。うまくいかなくてもどんなに下手なやり方だったとしても、失敗したって、その先に何らかの成果が必ず待っています。

また、いきなり大きなハードルに立ち向かおうとすると「どうせ無理だから」と最初から諦めモードになってしまいかねないから、少しずつその高さを上げていく、というやり方でかまいません。

ちょっとずつの困難に次々チャレンジを続けていくことで、振り返ったら大

きなことをなしえていたと実感できることも多いです。

ワンポイント

チャレンジするからこそ成長できる→成長を得られることで健やかな心身を保つことができる→また次のチャレンジをしたくなる。その繰り返しが人生の活力となってくれるのではないでしょうか。「私はここまで」って自分で区切りを作ってしまおうものなら、なんだかそれだけで老け込んでしまうような感覚に陥りそうです。

60 管理職を頑張ると、心身共にハツラツを保てる！

「管理職を頑張ってきたけれど、それって究極どんなよいことがあるのかしら？」長く勤務していくにつれ、つい「総論」で振り返りたくなってしまいます。ちなみに「各論」ではこれまでお伝えしてきた様々な悩みに向き合って、経験やスキルという「煉瓦」を積み上げてきたこと、と言えますが、ひとまとめにくくるとしたら、どう納得すればよいでしょうか。

向き合い方▼人間、やりたいことをやっている限り、満足感や達成感に満ち溢れるもの。とにかく好きだと思えることに打ち込んで、ちょっと難しいとことにもチャレンジして。アレヤコレヤと工夫をこらしたり、時には挫けたり復活したり感動したり…そうした毎日を更新していくことで、表現が適切でないかもしれませんが、**「細胞がワクワクしている」**って実感できるのです。私は医学脳科学の専門家ではもちろんありませんが、この感覚こそ、おそらく心身ともにハツラツを保つためのポイントとなる。私にとっては管理職人生を貫くところこそが、その点を体現できるいちばんの取り組みで、そこを掘り続けているからこそ、60歳時点でも相当健康であるという自覚を持てる所以です。

100歳を超えてもなお現役として活躍された、聖路加国際病院名誉院長の日野原重明先生が著書のなかで語っておられた言葉を引用します。

「これまで駆け続けてきた人生で、私が大切にしてきたのは、『いくつになっても、今日がいちばん新しい日』であるという考えかたです。そして今、若かりしころよりもむしろ歳を重ねてからのほうが、新たに始まる今日という日の輝きは増しているように感じています。」(『いくつになっても、今日がいちばん新しい日』(日野原重明著)より引用)

「今日がいちばん新しい日」。新たなワクワクを目指してさらに管理職道(会社での実務と発信して人に伝えていくこと)を極めていきたい。それが私にとって「良いこと」に他ならないと確信しています。

ワンポイント

人それぞれに「ハツラツキープポイント」ってあるもの。○○歳まで生きましょう、と「出来レース」的な目標にするのではなく、ハツラツをキープしていたら結果長生きできている。そんな人生を送っていきたいです。

悩んだ時は書き出してみよう

悩んで思考がグルグルしている時は、書き出してみると心の整理ができます。方法は自分が好きなように、好きな道具（ノートに手書き、パソコンで入力など）を使うことでかまいません。

ご参考までに、私がやっている方法を紹介します。

まずは項目ごとに分類します。例えば

・責任の果たし方（管理職として追うべきことのプレッシャー）
・新しい部署で業務の知識が追い付いていない
・コミュニケーションが上手くいかない（自分より業務経験の長い部下さん、年上で男性の部下さん、上司のサポートを得られない…など）
・子育てとの両立（夫との分担や子供が問題に直面している時）
・周囲からのバイアス（だから女性はダメなんだ…的な言われ方）
・キャリア継続の悩み

など。次に、
「自分の努力で解決できるること→どんな取り組み方をすればよいか？」
「自分の努力では解決できないこと→〝仕方ない〟と腹落ちするための方法は？」
それぞれの具体策について、やはり書き出してみます。

書き出しが終わったら、または、途中その都度でもよいので、全体を眺めてみて。具体策を1つひとつ実施。必要に応じてタイムラインも設定します。もし具体策がなかったとしてもＯＫ。とにかく現状を吐き出すことが大切です。

「何に悩んでいるのかがモヤモヤしている」からこそ悶々としてしまうから。悩みの正体を突き止めて行動をしていくうちに、いつしか「なーんだ、そんなことだったのね」と解消できることも多いですし、解消できなくたって構いません。

私が使っている【お悩みシート】のテンプレートがあります。メルマガに登録いただくと特典のＰＤＦを差し上げていますので、よろしければご利用ください。

女性管理職悩みあるある60　向き合い方・ワンポイントフレーズ

最後に「向き合い方のおさらい」として、女性管理職・ポイントとするとよいフレーズをまとめます。

1 一気呵成にやり遂げようとせずとも、やりながら走りながら考えていけば、やがて経験という財産が積み上がって自分なりの方法を見出せる。

2 自分に務まると、信じて突き進めばよい。やってみなはれ。成せば成る。試練は乗り越えられる者にしか訪れない。

3 責任とは、果たすためにある。

4 会社の業績は団体戦。管理職1人で数字責任を負おうとしなくてよし。

5 女性には女性の、男性には男性の得意分野がある。それぞれを発揮すればよくて優劣をつけるべきものではない。

6 管理職を降りたいと思ったってかまわない。続けるならばどうで降りたらその先はどうで…自問自答した結果を進んでいこう。

7 やりがいより辛さが増してしまったら、ちょっとした「成功体験」を思い出して気持ちを切り替える。

8 何をやってもうまくいかない時は、徹底的に「何かに感謝する」。

9 気負いが空回りしてしまう時は、主役は部下さん、管理職はサポーター。縁の下の力持ちに徹すればよい。

10 管理職だからといって自分だけで悩みを抱える必要なし。多いに助けを求めよう。

11 部下さんたちを守るべきところは徹する。ただしクライアント側の立場や考え方、何よりもクライアントにとってのベネフィットを見失わないように。

12 感情論で語ってしまいそうになる時。自分が好ましい方法でなかったとしても、所要時間とクオリティが同じ結果であればＯＫ。

13 年上&男性の部下さんに対しては、それまでの部下さんの経験をリスペクトしつつ、臆することなく必要な指示をする。

14 女性同士のコミュニケーションに悩んだら、ポンコツ上司でもいいから部下さんより率先して懸命に取り組めば、やがて「いい上司だ」と思ってもらえることもある。

15 信頼できない上司にあたったら、反面教師にすればよい。

16 学歴が大事な職種以外であれば、社会に出てからの自分の頑張りがステータスとなるから、学歴不問。

17 「褒める」「叱る」よりも、部下さんに「共感する」「寄り添う」「気付きを助ける」。

18 目標を描くのは部下さん自身であって、上司はそれを支援する存在。

19 人を評価するのは難しい点も多いけれど、業績評価もコミュニケーションの一環と捉える。

20 上司の「ウッカリ」が部下さんとの信頼関係のほころびにもつながりかねないから、特に人事上のウッカリは「仲間外れを作らないこと」の心がけで防止。

21 上司が良かれと思って部下さんに伝えたことが、かえって仇になってしまっても、それによって部下さんがどう行動するかは上司がコントロールできることではないから、気にしない。

22 ジェンダーフリーにどう取り組むのか？　会社ごとに施策があるだろうが、

自分自身が1人の企業人として男女関係なく誇りを持って行動することで、少なくとも外野の雑音は気にせずに済むようになる。

23 同じ職場でも職種によって文化の違いがある。郷に入っては郷に従えの精神で真摯に向き合おう。

24 上司とて、クライアントとうまく関係性が築けないこともある。もしうまくできなかったことがあっても仕方ない。

25 対外活動だけでなく「社内営業」で人脈を築くことも大事。

26 ビジネス書は「自分がトキメキを感じて、他者にもその内容を伝えられるもの」を選んで読むのがオススメ。

27 理論よりも実践。行動することで答えは見つかる。

28 判断に迷うことがあっても、とにかく判断する。ジャッジしない上司に部下さんはついてこない。

29 ライバルがいるとかいないとかは、管理職の真贋にかかわることでもなく、人と何かを比べてどうこうするよりも、自分の精進にひたすら専念するのみ。

30 自分が苦手な分野がある時には、無理に取り組もうとせずとも、それを得意とする部下さんに委任するのも1つ。

31 DX…それって何？　何が必要なの？　二文字略語に苦手意識を持たず、時代の潮流を汲んでマインドを切り替えよう。

32 無駄な会議を回避するのも管理職の大事な役割。

33 仕事人と家庭人とのバランス。すべて完璧にこなそうとせず、ゆるっとこなそう。

34 親の期待がどうであれ、子供は元気で楽しくやっていればよし。自分が子供の立場であっても親の立場であっても思いは同じ。

35 子育て最中で臨機応変な対応ができない時は、やれる範囲でできる限りのことを頑張ればよい。

36 子供が学校に通っている時の長期休暇。ママ友など周囲に助けてもらいながら乗り切っていこう。

37 宿泊出張、子供の成長とともに再開できる時が必ず来る。

38 夫との家事分担。うまくシェアできるよう、まずは結婚する時に話し合っておけばその後の「行き違い」を回避できる。

39 仕事や家族の健康管理に懸命になるだけでなく、自分の健康管理にも気を配る。何事も自分自身の健康あってこそ。

40 子供が幼少の頃から、学齢を追うごとの節目節目に、何かと問題が起きるのが当たり前。自分ができる最善のことをやっていけばよい。

41 42 43 44 45 子育ての旅は長い。目の前のことに一喜一憂せずとも、20年スパンで捉えてノンビリ構えておこう。

上司業は部下さんが、親業は子供が、自分を育ててくれるもの。

46 仕事と子育てで時間に追われてしまう時はやがて終わる。時間に余裕ができつつあったら、仕事・家庭以外のライフワークを持つとさらに人生が楽しめる。

47 48 ライフワークを見つけたいなら、新たなコミュニティに出会うことが一助となる。どのコミュニティにするのか？ ネット検索して自分の悩みや考え方に沿っているものを「肌感」で選ぶとよい。

49 女性は特にライフイベントによって、キャリアが途切れ途切れになりがち。ツギハギだらけだってよく、とにかく続けていけば必ず何かを成し遂げることができる。

50 管理職の常としてありがちなのが「突然の異動辞令」。それまで自分の培ってきたこと、守ってきたことは快適領域となってくれていたのだから、そこから1歩踏み出してさらなる自己成長を遂げる契機なのだと捉える。

51 管理職ポジションは絶対に約束されたものではない。今の自分が精一杯できることをやるのみ。

52 悩んだら、勤務先の事業ミッションが自分の信念に沿っているのかをポイントに決めればよい。

53 他社からのスカウト、特に同業他社からの場合は、その人自身を迎え入れたいのではなく、実はその人がもっている「情報」を迎え入れたい…ということも、あるかもしれない。決断する際はとにかく冷静になって熟考しよう。

54 会社員として行き詰った時に「起業すれば自由になれる」という考えは短絡的過ぎる。起業で何を具現化するのか？　会社員継続でどうやりがいを見出していくのか？　よく考えて選ぶことが大事。

55 定年間近で燃え尽きそうになっても「V字回復」を目指そう。

56 57 高齢になるにつれ「経済的な充足」をどう図っていくのか？　会社員継続でそこを担保できることも多い。

58 管理職を全うしてその先はどうなる？　リタイアしたとしても、人に伝える、教えるという道がある。

59 わざわざ難しいことにチャレンジしなくてもよいが、「自分ができるのはここまで」と決めつけなくてよい。一気にハードルを上げることではなく少しずつ上げていって、結果大きな成果を得られることもある。

60 好きなことをやっていろいろチャレンジし続けていれば、何歳になっても心身共にハツラツと健康を保ちつつ、人生を楽しむことができる。

私が経験してきたこと、その思いや、てんてこ舞いっぷりや、ポンコツっぷりや、続けてきての達成感が、女性管理職としていろいろな困難に直面して苦労している人たち、その周辺でともに仕事をしている人たちに少しでも役に立ててもらえるようなら幸いです。

おわりに

最後まで読んでいただきありがとうございました。

女性管理職を18年やっているなかで「どうやってここまできたのですか？」部下さんたちや会社以外の知り合いから質問されることがしばしばありました。

「こうやってきましたよ」的な「ノウハウもの」を伝えようかと当初は思っていたのですが、それよりも「何に悩んでどう向き合ってきたのか？」というまとめ方を選んだのは、本文でも書かせてもらったように、私が歩んできた道筋はかなりデコボコで、しかもポンコツなことだらけだったからです。

時代の後押しも加速して今後さらに女性管理職が増えていってくれることを願う気持ちはもちろん人一倍強いですが、一方で、単なる数合わせや御輿担ぎのように使われてしまうことがあるのでは？　老婆心ながら心配してしまいます。

どこにでもいそうな一般企業人の私だけれど、悩んで立ち向かってきたことをお伝えすることで、女性管理職ご本人自らがイキイキハツラツと過ごしていくためのヒントになったら、これほど嬉しいことはありません。

女性管理職のみなさん、ぜひ、応援しています！

最後に、この本を執筆するにあたって、いろいろな方々にお力添えをいただきました。

出版という新たな人生のチャレンジを導いてくださった、精神科医・作家の樺沢紫苑先生。

ブログの開設から始まり、その他あらゆる発信術やメンタルケアについて、微に入り細に入りサポートしてくださった、ＷＥＢコンサルタント・カウンセラーのものくろ（大東信仁）さん。

企画段階から様々なヒントをいただき、いつも温かく見守って伴走してくださった、日本能率協会マネジメントセンターの編集者、東寿浩さん。

これまで私についてきてくれた最愛の部下さんたち、応援してくれた学びの仲間たち。

イケてない妻、母であるにもかかわらず、いつも支えてくれた夫と息子。

たくさんのご協力のおかげで、ここまで辿り着くことができました。

そして、何よりも本書を手に取ってくださった読者のみなさま。

心より感謝いたしております。

２０２３年４月

いくみ@女性管理職&ブロガー

参考図書

①『経営戦略としての人的資本開示』　一般社団法人HRテクノロジーコンソーシアム編（日本能率協会マネジメントセンター）
②『ジョブ型雇用社会とは何か』　濱口桂一郎著（岩波書店）
③『女性の「ヘルスケア」を変えれば日本の経済が変わる』　堀江貴文、三輪綾子著／予防医療普及協会監修（青志社）
④『学びを結果に変えるアウトプット大全』　樺沢紫苑著（サンクチュアリ出版）
⑤『アルフレッド・アドラー　人生に革命が起きる100の言葉』　小倉広著（ダイヤモンド社）
⑥『人生うまくいく人の感情リセット術』　樺沢紫苑著（三笠書房）
⑦『もし高校野球の女子マネージャーがドラッカーの『マネジメント』を読んだら』　岩崎夏海著（ダイヤモンド社）
⑧『読んだら忘れない読書術』　樺沢紫苑著（サンマーク出版）
⑨『親業　子どもの考える力をのばす親子関係のつくり方』　トマス・ゴード

ン著／近藤千恵訳（大和書房）
⑩『いくつになっても、今日がいちばん新しい日』日野原重明著（ＰＨＰ研究所）

【著者紹介】

いくみ@女性管理職＆ブロガー

1962年神奈川県生まれ。会社員歴37年、ワーキングマザー歴30年。中小企業の事務員から始まり、女性管理職に憧れるも結婚を機に退職。出産、子育て、夫の転勤などによって非正規雇用の期間を経て40歳で正社員復帰。現在は上場企業で管理職歴18年。定年再雇用後も管理職を継続しており、部下の延べ人数は200名以上。これまでの経験を背中にいる人たちに伝えたいと一念発起し、2017年からブログ「ねーさんらいふ」を運営。

女性管理職の日常をメインに発信し、2023年2月現在、約2,000記事に到達。

Twitter「いくみ＠女性管理職＆ブロガー」では、読者が元気になる朝ツイートを毎朝投稿、約15,000フォロワー。

ブログ：https://ikumi3.com/

メルマガ：https://76auto.biz/ikumi3/registp/entryform1.htm

女性管理職が悩んだ時に読む本
ワーママ30年&女性管理職18年の人気ブロガーが語る

2023年5月10日　初版第1刷発行

著　者——いくみ@女性管理職＆ブロガー

発行者——張　士洛
発行所——日本能率協会マネジメントセンター
〒103-6009 東京都中央区日本橋2-7-1 東京日本橋タワー
TEL 03(6362)4339(編集)／03(6362)4558(販売)
FAX 03(3272)8127(販売・編集)
https://www.jmam.co.jp/

装丁・本文デザイン——藤塚尚子（etokumi）
本文DTP——株式会社RUHIA
印刷所———シナノ書籍印刷株式会社
製本所———株式会社新寿堂

ISBN 978-4-8005-9096-1　C2034
落丁・乱丁はおとりかえします。
PRINTED IN JAPAN